Ulmer Taschenbuch 23

Doris Baumann

Beliebte Hunde

halten und erziehen

60 Farbfotos
21 Zeichnungen

E.U.
VERLAG
EUGEN
ULMER

Zeichnungen von Gernot Baumann
Umschlagfoto: Berner Sennenhund
Foto auf Seite 2/3: Schäferhund, Dogge und Boxer
Beide Fotos von Hans Reinhard

CIP-Kurztitelaufnahme der Deutschen Bibliothek

Baumann, Doris:
Beliebte Hunde/Doris Baumann,
Stuttgart: Ulmer 1986
(Ulmer Taschenbuch; 23)
ISBN 3-8001-6278-4

NE: GT

Printed in Germany
Satz: Typobauer Filmsatz GmbH, Ostfildern 3
Reproduktionen: time scan Reproduktionen GmbH,
Leinfelden-Echterdingen 2
Druck und Bindung: Georg Appl, Wemding

Vorwort

Daß mir mein Hund das Liebste sei,
sagst Du, oh Mensch, sei Sünde?
Der Hund verläßt im Sturm mich nicht;
der Mensch sogar im Winde!

Auch ich blieb von solchen Erfahrungen nicht verschont. Aber die unendlich große Hundetreue, deren ich mich erfreuen durfte, überwog die unerquicklichen Begebenheiten mit gottlob nur wenigen Menschen. Hunde enttäuschten mich hingegen niemals.

Ich habe mich gerne bereit erklärt, für den Ulmer Verlag das vorliegende Buch zu verfassen, das ich all den kleinen und großen Hunden widmen möchte, die mich über eine große Wegstrecke meines Lebens begleitet haben und die mir – jeder auf seine Weise – immer wieder Freude bereiteten.

Es wurde versucht, im Rahmen dieses Buches die Probleme, mit denen ich in über drei Jahrzehnten der Hundehaltung, -zucht und -erziehung konfrontiert worden bin, aufzugreifen und den an mich herangetragenen häufigsten Fragen nachzugehen.

Das Buch will in erster Linie den Hunde-Neuling ansprechen und Hilfestellung bei der Anschaffung eines Hundes geben. Die Mehrzahl der einzelnen Kapitel befaßt sich deshalb mit den Überlegungen **vor** dem Kauf eines Hundes.

Nach der Vorstellung einiger nach dem Beliebtheitsgrad bzw. den Meldezahlen auf nationalen Ausstellungen ausgewählter Hunderassen wird die Frage nach dem passenden Hund sowohl im Hinblick auf dessen späteren Verwendungszweck als auch auf menschliche Eigenarten aufgeworfen.

In Verbindung mit den räumlichen Gegebenheiten und dem Futterbedarf gilt es zu bedenken, wie groß der anzuschaffende Hund sein soll und wie pflegeleicht oder -intensiv er ist.

Eminente Bedeutung für ein ersprießliches Zusammenleben zwischen Mensch und Hund genießt schließlich auch die Abstimmung der Temperamente im Zusammenspiel.

Von vornherein muß außerdem geklärt werden, welche Zeit täglich für einen Hund aufzubringen ist. Auch die laufenden Unterhaltskosten sind zu berücksichtigen, die häufig noch höher zu Buche schlagen, als der einmalige Anschaffungspreis.

Schließlich muß der Kaufinteressent entscheiden, welchen Alters und Geschlechts sein Hund sein soll, und der kleine Wesenstest für Welpen kann ihm bei der Auswahl des geeigneten Welpen behilflich sein.

Aber auch der bereits stolze Hundebesitzer findet Anregungen bezüglich der Haltung, Fütterung, Pflege und Erziehung seines vierbeinigen Freundes.

Ein treuer Freund, das möchte der Hund dem Menschen sein, so wie er es seit Jahrtausenden unter Beweis gestellt hat. Und gerade in unserer heutigen Zeit leistet der Hund unschätzbare Dienste in der Symbiose Mensch – Tier – Natur.

Bad Urach, im Frühjahr 1986
Doris Baumann

Inhalt

Vorwort 5

Woher stammt der Hund? 7
Entwicklung zum Haushund 8

Wie die Rassen entstanden sind 10

Was bedeutet der Standard? 11
Beschreibung einzelner Körperteile 13
Der Standard in der FCI 18

Die verschiedenen Hunderassen 20
Schäferhunde, Wachhunde, Dienst- und Gebrauchshunde 21
Jagdhunde 23
Begleithunde 28
Windhunde 29

Einige beliebte Hunderassen 30

Überlegungen vor der Anschaffung 57
Welcher Hund ist für mich geeignet? 57
Rassehund oder Mischling? 62
Größe, Fellart, Temperament 63
Was kostet ein Hund? 71
Kosten für Futter, Schutzimpfungen, Hundesteuer, Haftpflicht 72
Die erste Ausstattung 72
Welche Zeit muß ich unbedingt für den Hund aufwenden? 74

Kauf 77
Wo? Wann? 77
Rüde oder Hündin? 79
Welpe, Jungtier oder älterer Hund? 79
Wesenstest 81
Kaufvertrag 85

Haltung 86
Haus- und Einzelhund 86
Zwingerhund 88
In Mietwohnungen 90
Hund und Kind 92
Mit dem Hund in Urlaub 92
Der Hund im Auto 99

Ernährung 100
Futter- und Wasserschüssel 100
Futterzeiten 100
Fütterung 100
Fertigfutter 103

Pflege 105

Erziehung 107
Stubenreinheit 108
An der Leine gehen 111
Kommen 113
»Sitz« und Gehen »Bei Fuß« 114
»Platz« 115
»Aus« 116
Anspringen 116
Alleinsein 117

Krankheiten 118
Einige Krankheitsanzeichen und ihre möglichen Ursachen 118
Behandlung 120
Infektionskrankheiten 121
Schutzimpfungen 122
Hundeapotheke 123

Literaturhinweise 124
Anschriften der Fachverbände 124
Sachregister 125

Woher stammt der Hund?

Obwohl der Hund als eines der ältesten Haustiere des Menschen gilt, liegt sein Ursprung doch sehr im Dunkeln. Lange Zeit waren die Ansichten über seine Abstammung sogar widersprüchlich. Heute sind sich die Wissenschaftler jedoch weitgehend darüber einig, daß der Wolf als Ahnherr des Hundes außer Frage steht. Dennoch: Es gilt noch immer viele Fragezeichen bezüglich der Herkunft des Haushundes zu lösen, und die derzeitigen Aussagen von Wissenschaftlern (Zoologen, Paläozoologen) basieren denn auch mehr oder weniger auf Vermutungen als auf gesicherten Beweisen.

Die auch noch vor wenigen Jahren vertretene Theorie, der Schakal sei der Vorfahre des Hundes, ist nicht zuletzt durch die Tatsache widerlegt, daß die in prähistorischer Zeit aus Wildtieren entstandenen Haustiere zunächst kleiner waren, als ihre Vorfahren. Knochenfunde von frühen Haushunden zeigten jedoch, daß diese gleich groß oder größer als die der größten Schakale waren. Auch die übereinstimmende Chromosomenzahl von Wolf und Hund und die niedrigere des Schakals spricht für den Wolf als Ahnherr.

Fast alle Lebensräume der Erde wurden einstmals von Wölfen besiedelt, und es kann davon ausgegangen werden, daß demzufolge die Haustierwerdung des Hundes an mehreren Punkten zugleich – aber unabhängig voneinander – einsetzte. Bei der großen Verschiedenartigkeit des Wolfes in seiner Erscheinung ergaben sich damit von vornherein auch verschiedene Hundetypen. Allein von der Farbe her existieren unter den über 20 Unterarten des Wolfes große Unterschiede. Meist ist das Fell von grauer (wolfsgrau) bzw. fahlgraugelber Farbe mit schwarzer Stichelung und im Sommer mit rötlicher Tönung. Der Polarwolf dagegen besitzt ein helleres, fast weißes Fell, südliche Vertreter wiederum sind mehr sandfarben. Aber auch in der Größe weichen die Wölfe beträchtlich voneinander ab. So mißt der russische Wolf 80–85 cm, der Polarwolf ist gar 100 cm hoch und der süd-indische Wolf nur 55–60 cm. Man zieht den kleineren Wolf des südlichen vorderen Orients eher als Vorfahre des Hundes in Betracht als den großen Wolf des Nordens.

Es ist aber auch nicht auszuschließen, daß verschiedene Wolfsformen zwischen Westeuropa und Ostasien die domestizierten Hunde geschaffen haben und möglicherweise in Nordamerika auch Kojoten zur Einkreuzung gelangten. Eine Vermischung wilder Canidenstämme mit Haushunden könnte auch in jüngster Zeit noch stattfinden und daraus dürften die sogenannten Kojoten-Hunde stammen, die größer als Präriewölfe und von einem Rotwolf kaum zu unterscheiden sind.

Als Bindeglied zwischen Wolf und Haushund wird der Dingo angesehen. Nach neuesten Forschungen gilt er als farbveränderter Nachfahre des Indischen Wolfes. (Der Dingo ist ein in Australien verwilderter Haushund, bei dem man nicht genau weiß, wann und wie er nach Australien gelangte.)

Wie aber kam der Wolf zum Menschen?

Auf der Suche nach Beute war der Wolf immer ein Jagdkonkurrent des Menschen und sicher wurde er auch

Der Wolf als Vorfahre unserer Hunde ist in diesen Nordischen Schlittenhunden deutlich zu erkennen.

wegen seines Fleisches und der Möglichkeit der Nutzung des Pelzes bejagt. Deshalb war der Wolf stets scheu in menschlicher Nähe und es ist schwer vorstellbar, daß sich ein erwachsener Wolf so ohne weiteres einfangen und zähmen ließ. Ein kleines Wolfskind müßte es gewesen sein, das erstmals – auf welche Weise auch immer – den Weg zum Menschen fand. Vielleicht sollte es als Spieltier für die Kinder dienen oder man gedachte es als Köder zum Heranlocken anderer Tiere zu benutzen. Dank der strengen sozialen Ordnung im Wolfsrudel und einem Gefühl für diese Hierarchie vermochte sich das Wolfsjunge bei den Menschen rasch einzugewöhnen. Ja, so könnte es gewesen sein.

Der Mensch erkannte bald die Nützlichkeit der Haltung eines jungen Wolfes, denn dieser witterte herankommende Gefahren durch Raubtiere oder feindliche Horden viel eher, als sie der Mensch zu erkennen imstande war. Durch einen warnenden Laut vermochte ein Jungwolf zur Vorsicht zu mahnen; die Vorstufe des Bellens war erreicht.

Entwicklung zum Haushund

Knochenfunde aus der mittleren Steinzeit (9000–5000 v. Chr.) bestätigen den Aufenthalt des Hundes in der Nähe des mitteleuropäischen Menschen, der sicher schon die Vorzüge eines Hundes zum jagdlichen Gebrauch nutzte. Die Ursprünge des Hundes lassen sich aber noch weiter zurückverfolgen und so kommt der früheste Nachweis aus dem Vorderen Orient. Die dort 12000–10000 v. Chr. vermuteten Hunde gehen auf eine kurzhaarige, schlanke Wolfsform zurück und könnten die direkten Vorfahren der Windhunde gewesen sein. Windhunde dienten in frühester Zeit schon als Jagdgehilfen und so läßt sich für Ägypten der Sloughi bis in das 4. Jahrtausend v. Chr. nachweisen. Belege für eine Hundehaltung in Nordamerika reichen über 10000 Jahre zurück.

Der Ende der Jungsteinzeit/Anfang der Bronzezeit (2000 v. Chr.) existierende sogenannte Torfspitz dürfte schon als enger Begleiter des Menschen anzusehen sein. Vielleicht lebte er sogar schon mit im Pfahlhaus seines Herrn, denn in Resten von Pfahlbauten fanden sich Schädel eines spitzähnlichen Hundes.

Natürliche Einflüsse und menschliches Zutun ließen Hunde in vielerart Gestalt entstehen, und es ist schwer vorstellbar, daß sowohl die mächtige Deutsche Dogge als auch der winzige Chihuahua gleichen Ursprungs sind. Aber nicht nur das Äußere war einem steten Wandel unterworfen, auch die Verhaltensweisen änderten sich nach entsprechender Selektion nach den jeweiligen Anforderungen, Bedürfnissen und Wünschen des Menschen. Manche Anlagen konnten sich überhaupt erst in der menschlichen Obhut entwickeln. Ohne Selektionsdruck und ohne daß Umwelteinflüsse gegen die Entwicklung eines bestimmten Merkmals gerichtet waren, konnten Anlagen frei variieren und durch gezielte Auswahl bestimmter erwünschter Eigenschaften herausgezüchtet werden. So ist es schon in kürzester Zeit möglich, sowohl vom Aussehen als auch vom Verhalten her völlig neue Rassen zu züchten.

Der Hund hat sich dem Leben in der Zivilisation mit dem Menschen in vollendeter Weise angepaßt. Scheu und Schreckhaftigkeit des Ahnen Wolf sind einer großen Menschenfreundlichkeit und anderen Tugenden gewichen. Selektion und menschliche Einflußnahme auf das Zuchtgeschehen haben allerdings auch ein Verkümmern mancher dem Wolf noch als wichtig und lebenserhaltend innewohnenden Eigenschaften bewirkt. So mußten für das Leben in der Wildnis die Sinneseindrücke des Wolfes in viel stärkerem Maße wie bei dem domestizierten Hund, für den in dieser Hinsicht keine zwingende Notwendigkeit mehr besteht, ausgeprägt sein.

Im hohen rauhen Norden, in amerikanischen Wäldern, in afrikanischen und australischen Wüsten wurde von den dort lebenden Hunden die Schwelle, die den Unterschied vom wilden zum geordneten zivilisierten Leben ausmacht, noch nicht ganz überschritten und an diesen Punkten der Erde könnten auch die ersten engeren Verbindungen zwischen Mensch und Hund ihren Ursprung haben. Gerade in der Polargegend bei den Eskimos erwuchs eine Freundschaft zwischen Mensch und Hund aus dem Bedürfnis des gegenseitigen Helfens – des aufeinander Angewiesenseins. Die menschliche Seite dieser langen Freundschaft bietet Futter und bei Bedarf Unterkunft für den Hund und stellt die höhere Intelligenz zur Verfügung. Der Hund mit seinen schärferen Sinnen fungiert dafür als treuer Bewacher und Beschützer seines Herrn und als unersetzlicher Helfer bei der Jagd.

Wie die Rassen entstanden sind

Bereits in der vorgeschichtlichen Zeit zeichnen sich Ansätze zur Rassenbildung ab. Wenngleich die aus geschichtlichen Zeiten nachweisbaren Hunde zum Teil schon heutigen Rassenvorstellungen weitestgehend entsprechen, können sie nicht als Rassen im eigentlichen Sinn gelten.

Die Zucht früherer Hundeschläge und -typen war zweckbestimmt. Äußerlichkeiten schienen nicht so wichtig wie die praktischen Eigenschaften, die der Mensch für seine Zwecke nutzte. Da gab es beispielsweise Hunde mit guter Nase, die sich zur Stöberarbeit eigneten, Vorstehhunde für die Jagd und solche, die als Hütehunde Verwendung fanden. Die Reinhaltung der Rassen stand dabei weniger im Vordergrund als das Herauszüchten ganz bestimmter Wesenszüge.

In abgelegenen Gebirgstälern oder auf Inseln entstanden bereits bodenständige reinrassige Hunde, die ohne Fremdeinfluß ihnen eigene, typische Merkmale herausbildeten.

Auch an den Adelshöfen pflegte man bereits eine Hunde-Reinzucht, wobei es sich vornehmlich um Hunde für die Jagd, die ausschließlich Privileg des Adels war, handelte.

Als sich Ende des vorigen Jahrhunderts Hundezüchter zu Vereinen zur Erhaltung bestimmter Rassen zusammenschlossen, setzte – zumindest in Deutschland – die eigentliche systematische Reinzucht ein. Bereits 1863 wurde eine erste Hundeausstellung mit Rassehunden in Hamburg durchgeführt, und in das Jahr 1880 fällt die Gründung des ersten Rassezuchtverbandes, dem weitere folgten. Diesen Verbänden oblag die Zucht der Rassen und ihre Reinhaltung und die mögliche Verbesserung durch Einkreuzungen und züchterische Auslese.

Nach heutiger Auffassung spricht man von einer Hunderasse, wenn infolge gezielter menschlicher Selektion im Hinblick auf ein angestrebtes Ziel bezüglich Farbe, Körperbau, Leistungsfähigkeit und Psyche während mindestens 2 registrierbarer Generationen gezüchtet wurde.

Die Hundezuchtverbände in Deutschland sind im VDH (Verband für das Deutsche Hundewesen) zusammengeschlossen. Sie stellen den Rassestandard auf, der vom VDH anerkannt und von der Dachorganisation FCI (Fédération Cynologique Internationale) genehmigt werden muß. Es existieren aber auch Zuchtverbände, die nicht im VDH bzw. der FCI organisiert sind.

Körper des Hundes:
1 Nase
2 Nasenrücken
3 Stop (Stirnabsatz)
4 Oberkopf
5 Ohr
6 Nacken
7 Schulter
8 Widerrist
9 Brust
10 Rücken
11 Bauch
12 Becken
13 Keule
14 Kruppe
15 Rutenansatz
16 Rute
17 Knie
18 Unterschenkel
19 Sprunggelenk
20 Hintermittelfuß
21 Hinterfuß
22 Kehle
23 Oberarmbein
24 Oberarm
25 Unterarm
26 Vorderfußwurzel
27 Vorderfuß

Was bedeutet der Standard?

Der Standard ist die Beschreibung des Idealhundes einer jeden Rasse. Jeder Rassehund soll dem Ideal in seinen Proportionen möglichst nahekommen. Der Standard enthält zusammengefaßt Vorschriften, wie die einzelnen Körperteile, die Haarbeschaffenheit und die Farbe einer Rasse aussehen sollen.

Auf Hundeausstellungen wird international nach dem vorgeschriebenen Standard gerichtet. Im Laufe der Zeit ändern sich mitunter Ansichten und Erkenntnisse, und der Standard darf ohnehin nicht als etwas völlig Starres angesehen werden; etwas Flexibilität muß man ihm schon zugestehen. Wichtiger als zentimeterweise Genauigkeit einzelner Körperteile ist letztlich die gesamte, harmonische Ausgewogenheit in der Erscheinung. So wird denn auch bei der Beurteilung des Hundes der Gesamteindruck zuerst begutachtet.

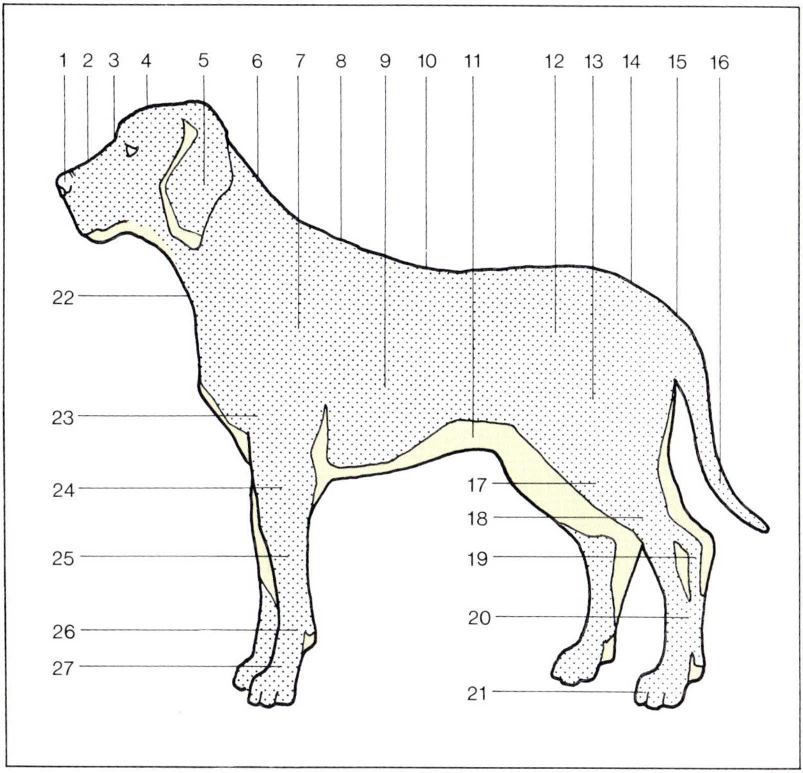

Skelett des Hundes:
1 Unterkiefer
2 Hirnschädel
3 Halswirbel (7)
4 Schulterblatt
5 Brustwirbel (13)
6 Rippen (13)
7 Lendenwirbel (7)
8 Oberschenkelbein
9 Becken (Sitzbeinhöcker)
10 Schwanzwirbel
11 Sprunggelenk
12 Hintermittelfußknochen
13 Zehen
14 Schienbein
15 Mittelfußgelenk
16 Schulterblattgräte
17 Brustbein
18 Oberarmbein
19 Speiche
20 Elle
21 Vorderfußwurzelgelenk
22 Zehen

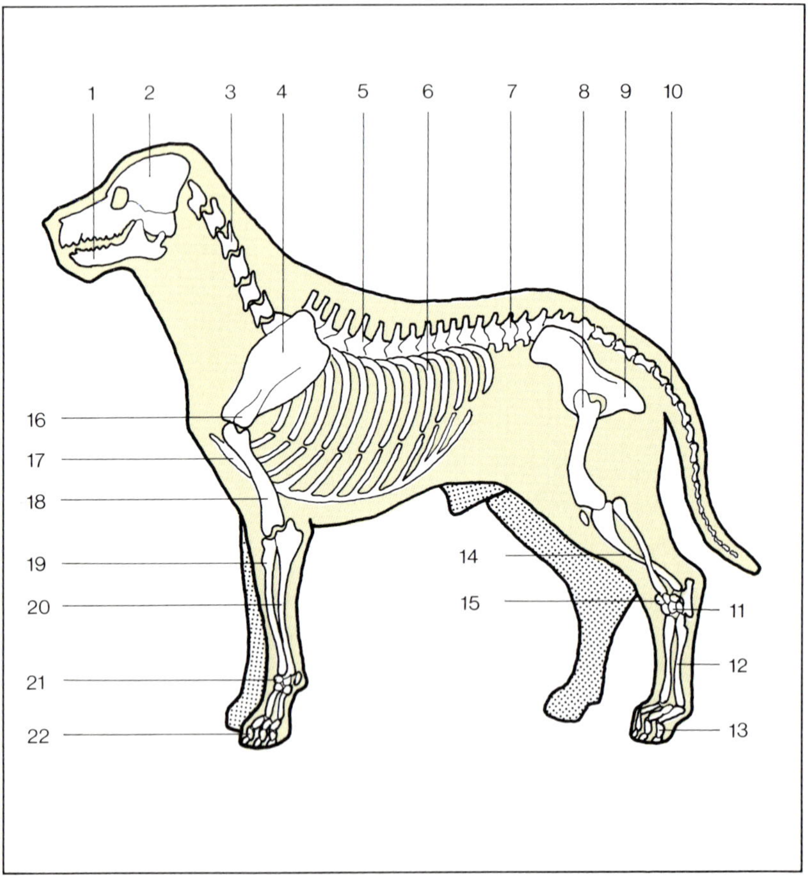

Einige Begriffe kommen in den Beschreibungen immer wieder vor und die gebräuchlichsten Ausdrücke sind nachfolgend aufgeführt. Bei der Gesamtbeurteilung des Hundes wird vielfach von Kondition und Konstitution gesprochen.

Mit **Kondition** bezeichnet man die erworbene körperliche Verfassung eines Hundes in bezug auf Gesundheits-, Fütterungs- und Trainingszustand.

Die **Konstitution** umfaßt die durch Umwelteinwirkungen beeinflußbare Körperverfassung. Die Veranlagung,

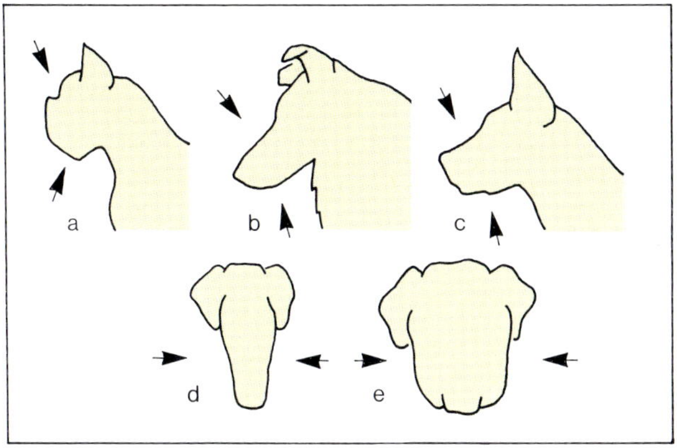

Fang:
a kurz
b lang und spitz
c stumpf
d schmal
e breit

(links unten) Zähne des Unterkiefers:
1 Schneidezähne
2 Fangzahn
3–6 Praemolaren
7 Molar 1 = Reißzahn
8 und 9 Molaren

auf bestimmte Reize körperlich und funktionell in bestimmter Weise zu reagieren, liegt bereits in der Erbmasse verankert.

Hoch, mittelhoch, niedrig, überwachsen, höher oder niedriger als normal, harmonisch oder ungleichmäßig sind mögliche Bezeichnungen bei der Betrachtung des gesamten **Körperbaus.** Dabei wird auch das Verhältnis der einzelnen Körperteile zueinander verglichen und ob der Hund niederläufig oder hochläufig, überbaut oder an der Kruppe höher als am Widerrist ist. Der Widerrist wird vom Boden bis zum höchsten Punkt der Schultern gemessen, die Rumpflänge von der Brustbeinspitze bis zum Sitzbeinhöcker. Das Verhältnis von Widerristhöhe zur Rumpflänge wird mit Rahmen bezeichnet, der quadratisch, rechteckig, langgestreckt oder kurz sein kann.

Beschreibung einzelner Körperteile

Kopf: schmal, breit, langgestreckt, edel, schwer, massig, leicht, kurz, keilförmig.
Fang: kurz, lang und spitz, stumpf, schmal oder breit.
Gebiß: Vorbiß, Scherengebiß, Unterbiß, Zangengebiß (siehe Abb. unten).

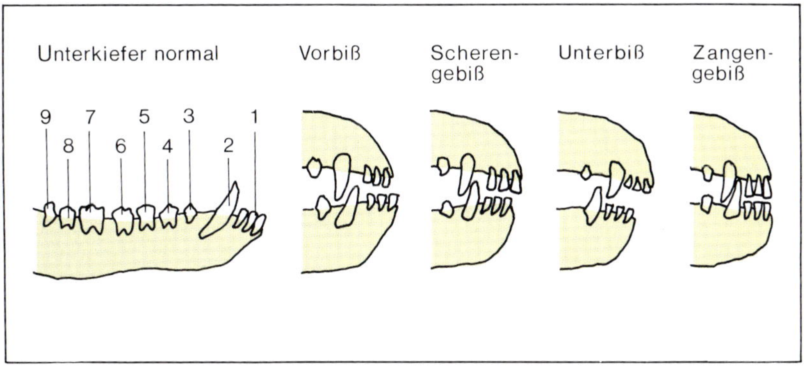

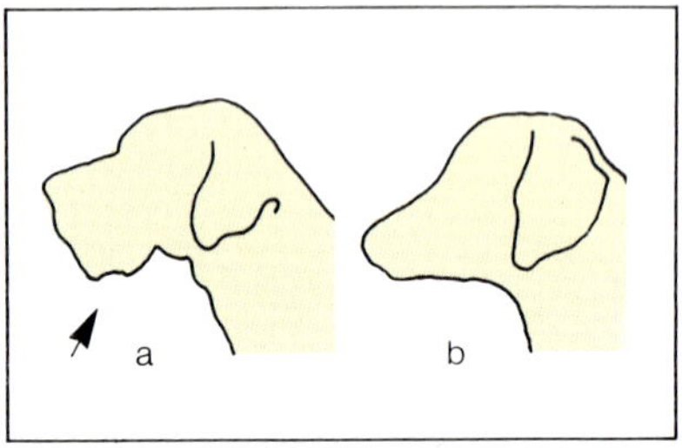

Lefzen:
a fleischig, überhängend
b anliegend

Lefzen: fleischig, ziemlich oder wenig entwickelt, überhängend, glatt anliegend, schwach, dicht am Fang anliegend. Backen hervortretend oder flach.
Stop: markant, stark ausgeprägt, wenig ausgeprägt, flach oder nahezu unsichtbar.
Nasenrücken: gerade, breit oder schmal, ramsnasig, sattelnasig. Farbe der Nasenkuppe, Nasenlöcher schmal oder weit geöffnet.

Gehirnschädel: breit, schmal, lang oder kurz, mehr oder weniger gewölbt.
Stirnhöcker: markant oder schwach ausgeprägt.
Scheitelbein: breit, schmal, gewölbt, flach, ohne Scheitelkammrinne.
Hinterhauptbeinstachel: deutlich sichtbar, ausdrucksvoll, unmerklich, schwach.
Stirn: breit, flach, schmal, gewölbt, gerundet, zu den Augen hin schmäler werdend, mit oder ohne Mittelfurche.
Augen: rund, ellipsenförmig, dreieckig, mandelförmig, offen, eingefallen, hervortretend, tiefliegend, mit ein- oder auswärtsgestülpten Augenlidern. Augenfarbe, Ausdruck der Augen (lebhaft, unsicher, ruhig, scheu oder bösartig).
Ohren: lang oder kurz, breit oder schmal, klein, groß, tief oder hoch angesetzt, schmaler oder breiter Ansatz, fleischig, dünn, spitzig, abgerundet, dreieckkig, aufrecht stehend, umgelegt, hängend, gekippt, kupiert, unkupiert, mehr oder weniger behaart (siehe Abb. S. 16).

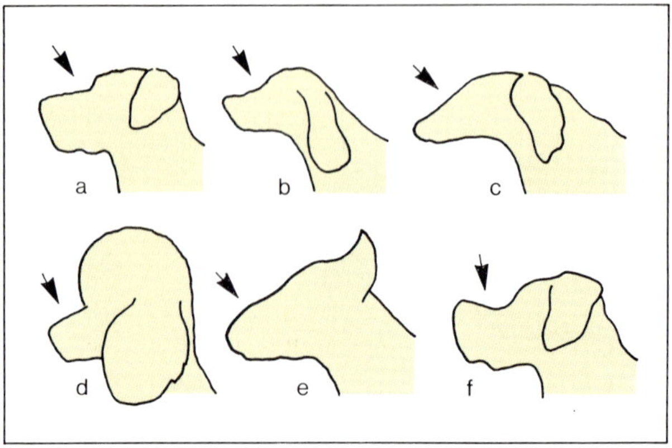

Stop:
a markant
b sichtbar
c ausdruckslos

Nasenrücken:
d gerade
e Ramsnase
f Sattelnase

Hals: lang, kurz, schwach, kräftig, kompakt, muskulös, trocken mit loser Kehlhaut, hoch oder tief angesetzt, aufrecht getragen, gewölbt, hirschartig (siehe Abb. Seite 16).
Nacken: anmutig gewölbt, kurz, lang, breit oder schmal.
Brust: tief, flach, schmal, breit, kurz, lang, tonnenförmig, kielförmig, gewölbt, oval, gut entwickelt, zurückgesetzt, vorgewölbt, stark oder wenig bemuskelt (siehe Abb. Seite 16).
Widerrist: hoch, niedrig, markant, wenig ausdrucksvoll (Abb. Seite 17).
Vorbrust: von vorn gesehener Brustteil kann gut entwickelt, kaum ausgebildet, flach, schmal, oval, vortretend, stark oder wenig bemuskelt sein (Abb. S. 17).
Rücken: gerade, karpfenförmig, gesenkt, fest, weich, schmal, breit, lang, kurz, kompakt, muskulös, kräftig (Abb. Seite 17).
Lenden: lang, kurz, fest, weich, breit, schmal, bemuskelt und gewölbt.
Hüften: breit, schmal, fest, frei, eingefallen, ausgefüllt.
Kruppe: gerade, schräg, abfallend, steil, lang, kurz, breit, schmal, stark oder schwach bemuskelt (Abb. Seite 17).
Becken: Fällt schräg oder steil ab, ist lang, kurz, schmal oder breit.
Rute: Hoch oder tief angesetzt, kräftig, dünn, an der Wurzel stark oder schwach, dünn auslaufend oder gleichmäßig, kupiert, hängend oder waagerecht getragen, leicht gebogen, über dem Rücken gerollt, aufrecht, geringelt oder sichelförmig. Sie kann glatt oder kurzbehaart sein, mit üppiger Fahne oder mit Bürste.
Bauch: schlank, breit, kompakt, aufgezogen, frei, fest (Abb. Seite 18).
Vorderläufe: gerade, gewinkelt, schräg stehend, senkrecht, kräftig oder schwach bemuskelt, mit kräftigen oder schwachen Knochen. Schulterblätter schräg, steil, lang oder kurz, fest oder flach bemuskelt. Oberarmbein kurz

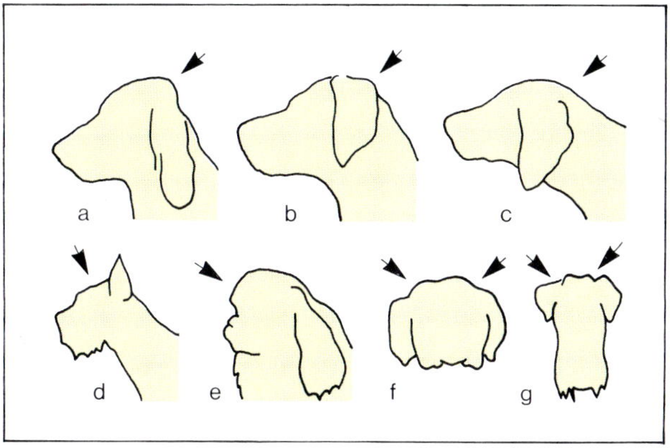

Hinterhauptbeinstachel:
a markant
b sichtbar
c unsichtbar

Stirn:
d flach
e gewölbt
f breit
g schmal

Ohr (oben):
a lang, breit mit breitem Ansatz
b tief angesetzt, spitz
c hoch angesetzt, spitz
d tief angesetzt, lang mit schmalem Ansatz
e hoch angesetzt, lang mit breitem Ansatz
f klein, aufrecht stehend, spitz
g klein, leicht
h überfallend
i kuppiert.

Hals (Mitte):
a gewölbt
b hirschartig
c hoch angesetzt, aufrecht getragen
d tief angesetzt und getragen.

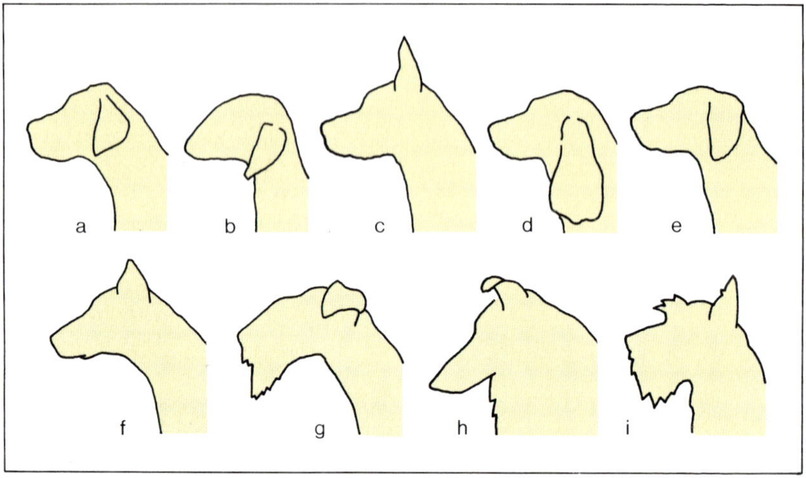

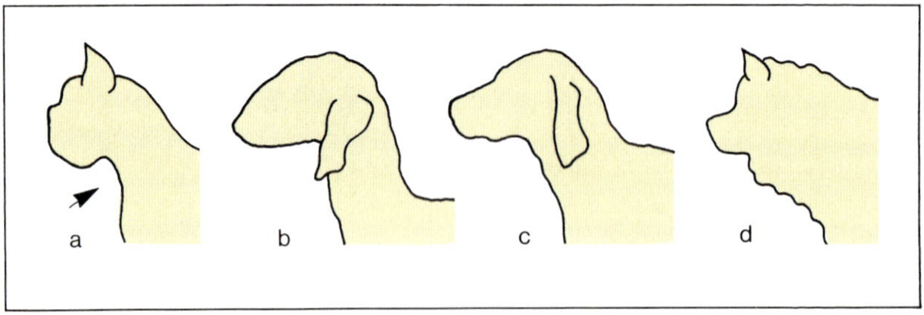

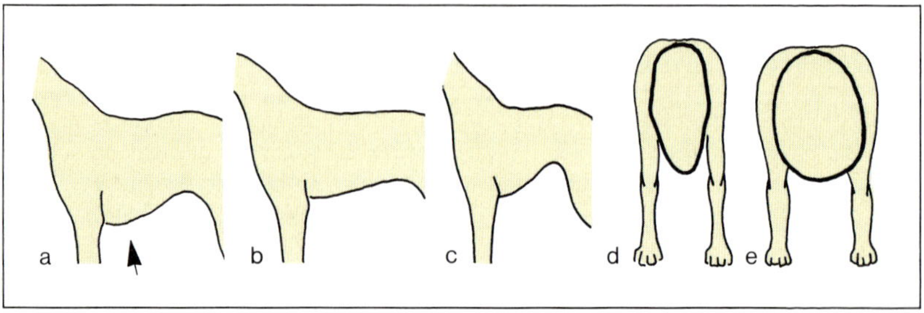

Brustkorb (Seite 16 unten):
a tief lang
b seicht
c tief kurz (in der Seitenansicht)
d tonnenförmig
e flach (in der Frontansicht).

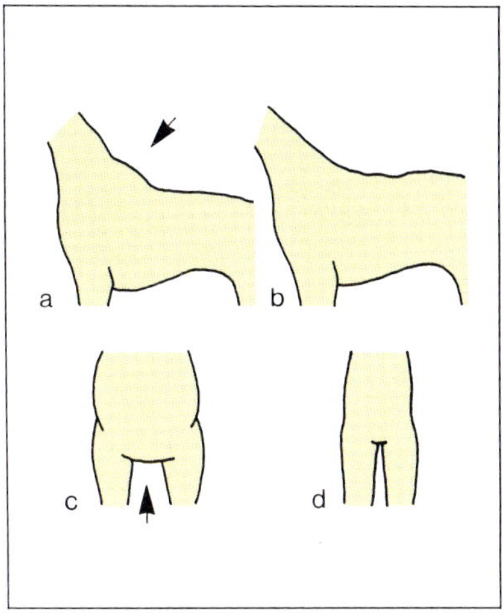

Widerrist (links):
a markant
b wenig ausdrucksvoll
Vorbrust:
c breit
d schmal

Rücken (Mitte):
a gerade
b eingedrückt
c karpfenartig

Kruppe und Rutenansatz (unten):
a gerade Kruppe, Rute hoch angesetzt
b abfallende Kruppe, Rute tief angesetzt
c gerade Kruppe, hoch angesetzte Rute
d schräge Kruppe, Rute tief angesetzt.

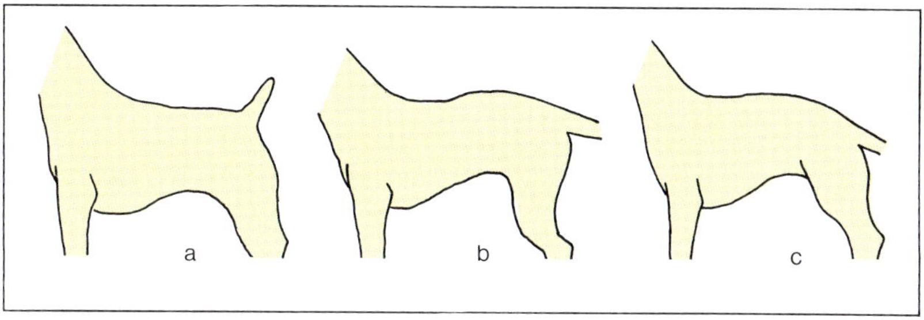

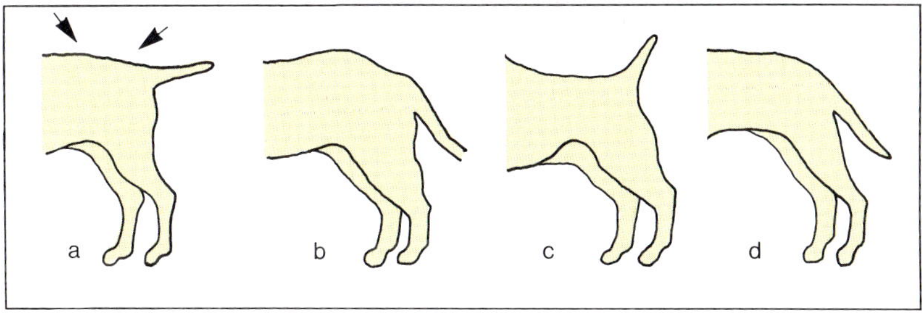

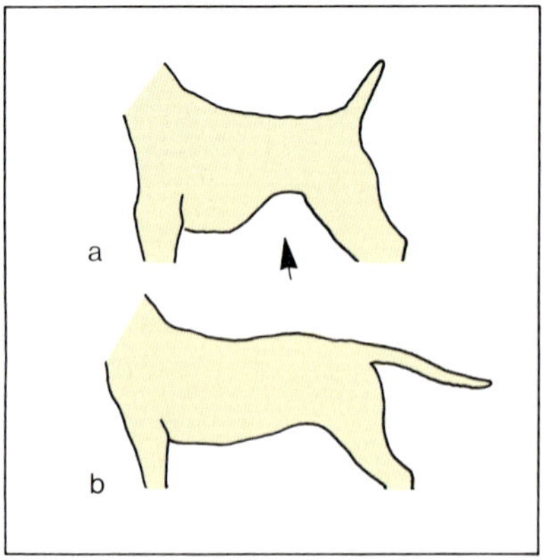

Bauch (links):
a aufgezogen
b lose

Pfoten (unten):
a Katzenpfoten
b Löffelpfoten
c Hasenpfoten
d geöffnete Pfoten

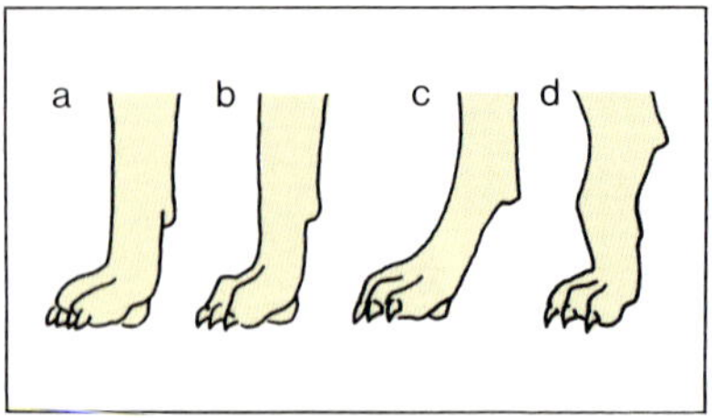

oder lang. Ellbogengelenk dicht anliegend oder frei, parallel stehend, auswärts- oder einwärtsgedreht, gewinkelt. Unterarmbein kurz oder lang, geradestehend. Katzen- oder Hasenpfoten, löffelförmig (Abb. Seite 18).
Stellung der Vorderläufe: korrekt nach Standard, parallel, schmal, anliegend, breit, geöffnet, zusammenlaufend, mit enggestellten Ellbogen, auseinanderlaufend, gewinkelt oder senkrecht (Abb. Seite 19).
Hinterläufe: gerade, gut oder wenig gewinkelt, starkknochig, gut bemuskelt. Keulen lang oder kurz, schräg eingesetzt, kräftig oder flach bemuskelt, oft mit Hosen, d.h. langen Haaren versehen. Knie gerade stehend, einwärts- oder auswärtsgedreht, mäßig oder mehr gewinkelt. Unterschenkel lang, kurz, kräftig oder dünn, trocken, steil gestellt. Sprunggelenk trocken, niedrig oder hoch angesetzt, gut gewinkelt oder nahezu gerade, senkrechtstehend. Pfoten geschlossen oder offen, fest, flach, rund, oval oder langgestreckt, gewölbt, Katzenpfoten oder Hasenpfoten, löffelförmig.
Stellung der Hinterläufe: korrekt, steil, kuhhessig, faßbeinig, zurückgesetzt, breit, schmal, gewinkelt, parallel (Abb. Seite 19).
Schritt: ausgreifend, elastisch, kurz, lang, schwerfällig. Bei manchen Rassen Paßgang.
Bewegung: Bewertung wie äußere Erscheinung. Stellung der Gliedmaßen in Ruhe und Bewegung.
Haarkleid: Farbe standardgemäß, Unterwolle und Deckhaar (Grannenhaar), kurz, mittellang, lang, wellig, gekräuselt, gelockt, glatt, fein, derb, harsch, rauh, anliegend, abstehend, dicht oder schütter, geschoren oder in Schnüren oder filzigen Platten.

Der Standard in der FCI

Die in der FCI (Fédération Cynologique Internationale) zusammengeschlossenen Länder haben eine einheitliche Form der Standardisierung entworfen. Die FCI ist oberste Instanz zur offiziellen Anerkennung eines Standards, der von einem Landesverband aufgestellt und zur Genehmigung vorgelegt wird. Das Land oder die Nation, welche erstmals eine Hunderasse herausbringt und auch den Rassestandard festlegt, gilt als das Stammland der betreffenden Rasse, woraus sich ergibt, daß Ursprungs- und Stammland einer Rasse nicht immer identisch sind. Nur das Stammland ist

Stellung der Vorderläufe (oben):
a normal
b zusammenlaufend, Ellbogen auswärts gedreht
c auseinanderlaufend, Ellbogen einwärts gedreht (Vorderansicht)
d normal, gut gewinkelt, Schulterblatt schräg
e weicher Vordermittelfuß
f steiler Vordermittelfuß

Hinterläufe (unten):
a normal
b kuhhessig
c faßbeinig
d schmal
e breit
f auseinanderlaufend

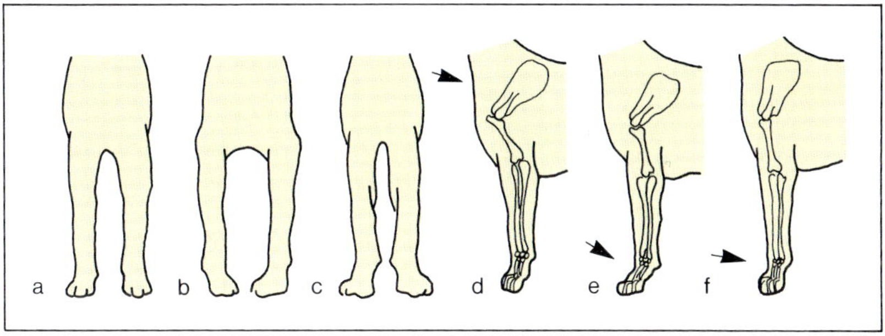

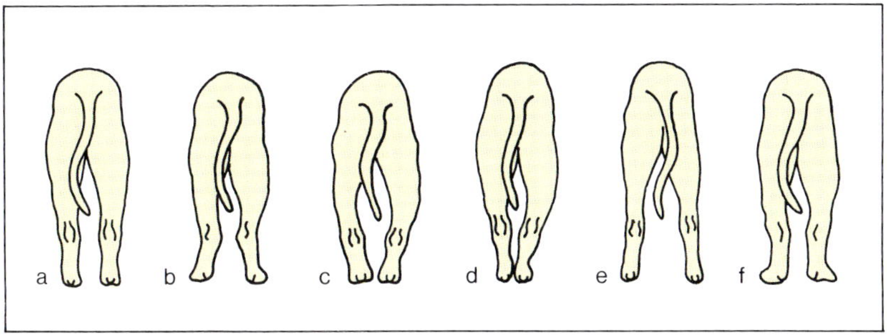

später befugt, Änderungen und Ergänzungen des Standards vorzunehmen.

Die Reihenfolge der Beurteilung wird nach der von den Mitgliedern der FCI festgelegten Vereinheitlichung gehandhabt.

1. Allgemeine Angaben über Gesamterscheinung, Fähigkeiten und Verwendung.
2. Beschreibung der Einzelteile, auch im Längs- und Querprofil.
   2.1. Kopf: Schädel, Stirn, Fang (einschließlich Nase, Gebiß), Augen, Ohren, Hals.
   2.2. Rumpf: Rücken, Lende, Kruppe, Brust, Bauch (einschließlich Flanken), Rute.
   2.3. Vorder- und Hintergliedmaßen, Durchbildung und Stellung der einzelnen Abschnitte.
   2.4. Haarkleid: Haarart, Farbe (einschließlich Abzeichen).
3. Fehler.
4. Gründe für Disqualifizierung.
5. Wesensbeschreibung der Rüden und Hündinnen.
6. Charakteristik von Junghunden.
7. Durchschnittliche, eventuell ideale Körpermaße (Widerristhöhe, Gewicht).

Die verschiedenen Hunderassen

Die Hunderassen werden nach körperlichen Merkmalen, nach ihrer Entwicklung, die sie im Laufe der Jahrtausende durchgemacht haben, und vor allem nach ihren Verwendungsmöglichkeiten unterschieden, wenngleich es immer wieder Grenzfälle gibt, die sowohl zu der einen als auch der anderen Gruppe zugehörig zu sein scheinen. Deshalb sind die Klassifizierungen nicht in allen Ländern identisch.

Die FCI (Internationale kynologische Vereinigung) erarbeitete eine Rassenunterteilung, die heute – zumindest in den meisten europäischen Ländern – Anerkennung findet und die auch auf nationalen und internationalen Hundeausstellungen gebräuchlich ist. Die Gliederung erfolgt in 4 Hauptkategorien mit 10 Untergruppen und umfaßt über 300 Hunderassen. Neben alten, bekannten Rassen finden sich auch solche, die erst in den letzten Jahren erzüchtet wurden, und jährlich kommen neue hinzu.

Der ersten Kategorie gehören die Schäferhunde und Wach-, Dienst- und Gebrauchshunde an, unterteilt nach Rassen, die eine Gebrauchsprüfung ablegen müssen und solchen, von denen keine Gebrauchsprüfung verlangt wird.

Die zweite und größte Kategorie nimmt alle Jagdhunde auf, die wiederum gegliedert sind in Terrier, Dachshunde, Spürhunde für Großwild, Spürhunde für Niederwild, Vorstehhunde (außer britischen Rassen) und Britische Jagdhunde.

In der dritten Kategorie finden sich die Begleithunderassen und in der vierten Kategorie sind schließlich die Windhunde erfaßt.

Kategorie I

Schäferhunde, Wachhunde, Dienst- und Gebrauchshunde

Gruppe 1: Schäferhunde

a) Hunde, die Gebrauchsprüfungen ablegen müssen

1 Deutscher Schäferhund
2 Belgischer Schäferhund (Groenendael, Tervueren, Malinois, Laekenois)
3 Schäferhund aus der Beauce (Berger de la Beauce)
4 Schäferhund aus der Brie (Berger de la Brie)
5 Pyrenäen-Schäferhund (Berger des Pyrénées)
6 Pyrenäen-Schäferhund mit trockenem Kopf (Berger des Pyrénées à face rasée)
7 Pikardischer Schäferhund (Berger picard)
8 Flandrischer Treibhund (Bouvier des Flandres)
9 Cão da Serra de Aires

b) Hunde, die keine Gebrauchsprüfungen ablegen müssen

10 Ardennen-Treibhund (Bouvier des Ardennes)
11 Katalanischer Schäferhund (Perro de pastor catalan)
12 Lapinporokoira (Lapponian herder, Rentierhund aus Lappland)
13 Holländischer Schäferhund (kurzhaarig, stockhaarig oder langhaarig)
14 Komondor
15 Kuvasz
16 Mudi
17 Puli
18 Pumi
19 Bergamasker Schäferhund (Pastore Bergamasco)
20 Maremmen-Abruzzen Schäferhund (Pastore Maremmano-Abruzzese)
21 Norwegischer Buhund
22 Tatrahund (Owczarekt podlhalanski)
23 Polnischer Niederungshütehund (Polski owczarek nizinny)
24 Lapphund (Lapplandska spetz)
25 Västgötaspets
26 Slowenischer Tchouvatch (Slovensky čuvač)
27 Charplaninatz
28 Schäferhund aus der Karst (Krašky ovčar)
29 Kroatischer Schäferhund (Hervatški ovčar)
30 Bearded Collie
31 Langhaar Collie
32 Kurzhaar Collie
33 Bobtail (Old English Sheepdog)
34 Shetland Sheepdog (Sheltie)
35 Welsh Corgi Cardigan
36 Welsh Corgi Pembroke

Gruppe 2: Wachhunde, Dienst- und Gebrauchshunde

a) Hunde, die Gebrauchsprüfungen ablegen müssen

37 Boxer
38 Dobermann
39 Hovawart
40 Rottweiler
41 Riesenschnauzer
42 Fila Brasileiro
43 Canaan Dog

b) Hunde, die keine Gebrauchsprüfungen ablegen müssen

44 Deutsche Dogge
45 Schnauzer
46 Leonberger
47 Österreichischer Kurzhaar-Pinscher
48 Spanische Dogge (Mastin espagñol)
49 Pyrenäen-Mastiff (Mastin de los Pirineos)
50 Pyrenäen-Hund (Chien des Pyrénées)
51 Bordeaux-Dogge (Dogue de Bordeaux)
52 Italienische Dogge
53 Kyushu (Hund von Hokkaido)
54 Hokkaidoken (Hund von Ainu)
55 Tosa (Kampfhund)
56 Akita Inu
57 Sanshu
58 Aidi (Hund von Atlas)
59 Cão da Serra da Estrêla
60 Cão de Castro Laboreiro
61 Rafeiro do Alentejo
62 Cão de Agua
63 Appenzeller Sennenhund
64 Berner Sennenhund
65 Entlebucher Sennenhund
66 Großer Schweizer Sennenhund
67 St. Bernhardshund (Bernhardiner)
68 Norrbottenspets
69 Eskimohund
70 Neufundländer
71 Grönlandhund
72 Samojede (Samoyed)
73 Landseer
74 Alaskan Malamute
75 Siberian Husky
76 Englische Bulldogge (Bulldog)
77 Bullmastiff
78 Mastiff
79 Tibetdogge (Tibetaner Mastiff)

Kategorie II

Jagdhunde

Gruppe 3: Terrier

80 Glatthaariger Foxterrier (Smooth fox terrier)
81 Drahthaariger Foxterrier (Wire fox terrier)
82 Airedale Terrier
83 Bedlington Terrier
84 Border Terrier
85 Bullterrier
86 Miniatur-Bullterrier
87 Cairn Terrier
88 Dandie Dinmont Terrier
89 Irish Terrier
90 Kerry Blue Terrier
91 Lakeland Terrier
92 Manchester Terrier
93 Norfolk Terrier
94 Norwich Terrier
95 Scottish Terrier
96 Sealyham Terrier
97 Skye Terrier
98 Soft Coated Wheaten Terrier
99 Staffordshire Bull Terrier
100 Welsh Terrier
101 West Highland White Terrier
102 Australian Terrier
103 Silky Terrier
104 Cesky Terrier (Böhmischer Terrier)
105 Deutscher Jagdterrier
106 Basenji

Gruppe 4: Dachshunde

107 Deutsche Dachshunde (Teckel)
108 Zwergteckel
109 Kaninchenteckel

Gruppe 5: Spürhunde für Großwild

110 Hannoverscher Schweißhund
111 Chien de St. Hubert (Bloodhound)
112 Rastreador Brasileiro
113 Karjalan Karhukoira (Karelischer Bärenhund)

Französische Kurzhaar-Rassen:

114 Grand bleu de Gascogne
115 Grand Gascon Saintongeois
116 Levesque
117 Poitevin
118 Billy
119 Chien français tricolore
120 Chien français blanc et noir
121 Chien français blanc et orange

Französische Langhaar-Rassen:

122 Grand Griffon vendéen

Englisch-französische Rassen:

123 Grand anglo-français tricolore
124 Grand anglo-français blanc et noir
125 Grand anglo-français blanc et orange

126 Erdelyi Kopo (Ungarische Bracke)
127 Norsk Elghund, grau (Grauer Norwegischer Elchhund)
128 Norsk Elghund, schwarz (Schwarzer Norwegischer Elchhund)
129 Ogar Polski (Polnischer Laufhund)
130 Podengo Português (großer Schlag)
131 Jämthund (Großer Schwedischer Elchhund)
132 Grahund (Schwedischer Grauhund
133 Slovensky Kopov (Slowakische Bracke)
134 Foxhound
135 Amerikanischer Foxhound

Gruppe 6: Spürhunde für Niederwild

136 Dachsbracke
137 Deutscher Wachtelhund
138 Bayerischer Gebirgsschweißhund
139 Sauerländer Dachsbracke
140 Hochläufige Sauerländische Bracke
141 Österreichische Bracke (Brandlbracke)
142 Tiroler Bracke
143 Steirische Rauhhaarige Hochgebirgsbracke
144 Finnenspitz (Suomenpystykorva)
145 Finnenbracke (Suomenajokoira)

Mittelgroße, glatthaarige französische Rassen:

146 Petit Bleu de Gascogne
147 Petit Gascon Saintongeois
148 Ariégeois
149 Chien d'Artois
150 Porcelaine

Mittelgroße, langhaarige französische Rassen:

151 Griffon Nivernais
152 Briquet Griffon Vendéen
153 Petit Griffon Bleu de Gascogne
154 Griffon Fauve de Bretagne

Französische Dachshunde

155 Basset Artésien Normand
156 Basset Blue de Gascogne
157 Basset Griffon Vendéen
158 Basset Fauve de Bretagne

Mittelgroße englisch-französische Rassen:

159 Anglo-Français tricolore
160 Anglo-Français blanc et noir
161 Anglo-Français blanc et orange

Kleine englisch-französische Rassen:

162 Petits Anglo-Français

163 Moderner Harrier
164 Harrier von Somerset
165 Beagle Harrier
166 Beagle
167 Otterhound
168 Griechischer Laufhund (Ellinikós ichnilátis)
169 Cirneco del Ätna (Sizilianische Bracke)
170 Kurzhaariger Italienischer Laufhund (Segugio italiano a pelo raso)
171 Rauhhaariger Italienischer Laufhund (Segugio italiano a pelo forte)
172 Dunker
173 Haldenstover
174 Hygen Bracke
175 Lundehund (Norwegischer Vogelhund)
176 Podengo Português (Mittelschlag)
177 Podengo Português Pequenco (Kleiner Schlag)
178 Drever
179 Hamiltonstövare
180 Schillerstövare
181 Smalandsstövare
182 Schweizerische Laufhunde
183 Luzerner Laufhund
184 Berner Laufhund
185 Jura-Laufhund
186 Jura-Laufhund (Typ St. Hubert)
187 Rauhhaarlaufhund
188 Schweizer Niederlaufhund
189 Berner Niederlaufhund
190 Luzerner Niederlaufhund

191 Jura-Niederlaufhund
192 Basset Hound
193 Black and Tan Coonhound
194 Rhodesian Ridgeback
195 Balkan-Laufhund (Balkanski gonič)
196 Rauhhaarige Istrianer Bracke (Istrski resati gonič)
197 Kurzhaarige Istrianer Bracke (Istrski kratkodlaki gonič)
198 Sawe Bracke (Posavaski gonič)
199 Bosnische Bracke (Basanski ostrodlaki gonič-barak)
200 Jugoslawischer Trikolor-Laufhund (Jugoslavenski drobojni gonič)
201 Jugoslawischer Gebirgs-Laufhund (Jugoslavenski planinski gonič)

Gruppe 7: Vorstehhunde (ausgenommen die britischen Rassen)

202 Deutsch Kurzhaar
203 Deutsch Drahthaar
204 Deutsch Langhaar
205 Deutsch Stichelhaar
206 Großer Münsterländer
207 Kleiner Münsterländer
208 Pudelpointer
209 Weimaraner
210 Gammel Dansk Honsehund
211 Perdiguero de Burgos (Bracke von Burgos)
212 Sabueso Español
213 Podenco Ibicenço (Balearen Laufhund)
214 Bracke von Ariège (Braque d'Ariège)
215 Bracke von der Auvergne (Braque d'Auvergne)
216 Bracke vom Bourbonnais (Braque du Bourbonnais)
217 Dupuy-Bracke (Braque dupuy)
218 Französische Bracke (Braque francais)
219 Kleine Französische Bracke (Braque français de petit taille)
220 Bracke von Saint-Germain (Braque Saint-Germain)
221 Épagneul Breton
222 Épagneul Français
223 Épagneul Picard
224 Épagneul de Pont Audemère
225 Griffon à poil laineux-boulet
226 Griffon à poil dur-korthals
227 Drentse Patrijshond
228 Staby-Hond
229 Wetterhond (Holländischer Spaniel)
230 Kurzhaariger Ungarischer Vorstehhund (Vizsla)
231 Drahthaariger Ungarischer Vorstehhund (Drotszoruvizla)
232 Italienischer Vorstehhund (Bracco Italiano)
233 Spinone
234 Perdigueiro Português (Portugiesischer Vorstehhund)
235 Böhmisch-Rauhbart (Český-Fousek)

Gruppe 8: Britische Jagdhunde

236 Pointer
237 Englischer Setter (English Setter)
238 Irischer Setter (Irish Red Setter)
239 Gordon Setter
240 Curly-coated Retriever
241 Flat-coated Retriever
242 Golden Retriever
243 Labrador Retriever
244 Chesapeake Bay Retriever
245 Englischer Cocker Spaniel (English cocker spaniel)
246 Clumber Spaniel
247 Field Spaniel
248 Irish Water Spaniel
249 Englischer Springer Spaniel (English Springer Spaniel)
250 Sussex Spaniel
251 Amerikanischer Cocker Spaniel (American Cocker Spaniel)
252 Welsh Springer Spaniel
253 American Water Spaniel

Kategorie III

Begleithunde

Gruppe 9: Begleithunde

254 Affenpinscher
255 Harlekinpinscher
256 Kromfohrländer
257 Pinscher
258 Deutscher Großspitz
259 Kleiner Spitz
260 Zwergpinscher
261 Zwergschnauzer
262 Schipperkee
263 Belgischer Griffon (Griffon belge)
264 Griffon Brabançon (Petit Brabançon)
265 Brüsseler Griffon (Griffon bruxellois)
266 Bichon à poil frisé
267 Kleiner Löwenhund (Bichon petit chien lion)
268 Französische Bulldogge (Bouledogue français)
269 Pudel
270 Mittelpudel (Caniche moyen)
271 Zwergpudel (Caniche nain)
272 Kontinentaler Zwergspaniel (Épagneul nain à oreilles tombantes)
273 Papillon (Schmetterlingshündchen)
274 Shiba Inu
275 Japanischer Spitz
276 Bologneser
277 Malteser
278 Italienischer Kleinspitz (Volpino Italiano)
279 Chihuahua
280 Xoloitzcuintle
281 Dalmatiner
282 Chow-Chow
283 Pekinese
284 Shih-Tzu
285 Tibet Terrier
286 Lhasa Apso
287 Tibet Spaniel
288 Haveneser
289 Japan Chien (Japanischer Spaniel)
290 King Charles Spaniel
291 Cavalier King Charles Spaniel
292 Boston Terrier
293 Mops
294 Black and Tan Toy Terrier
295 Nackthund
296 Yorkshire Terrier

Kategorie IV

Windhunde

Gruppe 10: Windhunde

297 Afghanischer Windhund (Afghan Hound)
298 Barsoi (Russischer Windhund)
299 Deerhound (Schottischer Hirschhund)
300 Greyhound
301 Irish Wolfhound (Irischer Windhund)
302 Whippet
303 Galgo Español
304 Magyar Agár (Ungarischer Windhund)
305 Pharaon Hound (Pharaonenhund)
306 Saluki (Persischer Windhund)
307 Sloughi (Arabischer Windhund)
308 Italienisches Windspiel (Piccolo levriero italiano)

Einige beliebte Hunderassen

Nachfolgend werden einige Rassen sowohl bildlich als auch nach dem vom FCI (Fédération Cynologique Internationale) festgelegten Standard vorgestellt, deren Auswahl aufgrund der Meldezahlen auf nationalen Hundeausstellungen erfolgte. Dieser Querschnitt erhebt keinen Anspruch darauf, bezüglich des Käufergeschmacks richtungsweisend sein zu wollen. Bei Interesse für eine bestimmte Hunderasse vermittelt der VDH (Verband für das Deutsche Hundewesen e.V., Mallinckrodtstr. 26, D-4600 Dortmund) gerne die Anschriften der zuständigen Rassenvereine und -clubs, die wiederum weitere Auskünfte erteilen und auch Züchteradressen nennen, die aus ihrer eigenen Zucht Welpen anzubieten haben.

Airdale Terrier

Gesamterscheinung: Der größte Terrier, der nur lohfarben mit dunklen Flecken oder Melierung vorkommt, hat ein gut proportioniertes Gebäude, einen langgezogenen Kopf und Kippohren.
Kopf: Langgestreckt und flach, nicht sehr breit, trocken und in gutem Verhältnis der einzelnen Teile zueinander. Stop nur sehr gering. Nasenrücken ziemlich gerade, Nase schwarz. Kräftiger, tiefer Fang, jedoch ohne übermäßig entwickelte Backen. Scherengebiß. Augen klein, dunkel. Ohren V-förmig, mäßig klein, hoch angesetzt, seitlich etwas abstehend und nach unten kippend.
Hals: Muskulös, mäßig lang, nicht sehr dick, am Schulteransatz jedoch recht kräftig. Keine Wamme.
Rumpf: Rücken kurz, kräftig und gerade. Lenden gut bemuskelt. Rippen schön gewölbt. Brust tief, jedoch nicht sehr breit.
Gliedmaßen: Schultern flach bemuskelt, gut anliegend. Vorderläufe vollkommen gerade, mit kräftigen Knochen. Hinterläufe lang und muskulös, mit kräftigen Keulen und muskulösen Unterschenkeln, Kniegelenke gut gewinkelt, von hinten gesehen gerade stehend. Pfoten klein, rund, geschlossen.
Rute: Hoch angesetzt, kräftig, nur leicht kupiert, aufrecht getragen.
Haar: Dicht, drahtig, fest, nicht zu lang, gut anliegend. Unterwolle kurz und weich.
Farbe: Rumpf schwarz oder dunkelgrau meliert oder mit entsprechenden Platten. Kopf, Ohren und Läufe bis zu den Keulen lohfarben.
Größe und Gewicht: Rüde 58,5 bis 61 cm, Hündin 56 bis 58,5 cm, etwa 20 bis 22 kg.
Herkunft: Wahrscheinlich entstand der Airdale Terrier durch Kreuzung einer kleineren Terrierrasse (Black and Tan Terrier) mit dem Otterhound. Fraglich ist die Beteiligung von Bullterrier und Foxhound.
Charakter und Eignung: Die guten Jagdeigenschaften von einst sind auch heute noch beim Airdale Terrier anzutreffen. Im ersten Weltkrieg fand er Einsatz als Sanitätshund und wurde der deutsche Kriegshund schlechthin. Wegen seiner Unkompliziertheit in der Haltung, dem furchtlosen und unbestechlichen Wesen ist der Airdale Terrier ein gerne geführter Diensthund. In der Familie läßt er sich auch mit Kindern außerordentlich angenehm hal-

Als ruhig und gutmütig, aber auch als furchtlos gilt der Airdale Terrier. Eigenschaften, die ihn sowohl als Familien- wie als Diensthund empfehlen.

ten, denn er ist – im Gegensatz zu den kleinen, sehr lebhaften Terrierrassen – ruhig und gutmütig. Dennoch verlangt er nach viel Bewegung und ständiger Beschäftigung.

Berner Sennenhund

Gesamterscheinung: Ein großer, stattlicher, jedoch durchaus nicht schwerfälliger, langhaariger Hund mit anliegenden Ohren und reichbehaarter Rute.
Kopf: Schädel flach mit mäßigem Stop. Fang kräftig. Lefzen trocken. Nase schwarz und breit. Scherengebiß. Augen dunkelbraun, funkelnd. Ohren hoch angesetzt, V-förmig, herabhängend, in Ruhestellung anliegend.
Hals: Gedrungen und wohl behaart.
Rumpf: Rücken mittellang und gerade. Lenden breit. Brustkorb breit und tief.
Gliedmaßen: Gerade, kräftig. Schulterblätter der Vorderläufe lang und schräg. Keulen ziemlich lang. Knie und Sprunggelenke kräftig und gut gewinkelt. Pfoten rund und geschlossen.
Rute: Ziemlich stark, bis zum Sprunggelenk reichend, nicht geringelt.
Haar: Lang, weich, leicht wellig.
Farbe: Schwarz mit leuchtend rostroten Abzeichen an den Läufen, den Wangen und oberhalb der Augen. An den Vorderläufen rostrote, schwarz und weiß eingefaßte Abzeichen. Erwünscht sind reinweiße Blessen, weiße Pfoten und ein weißer Brustfleck.
Größe und Gewicht: Rüde 64 bis 70 cm, Hündin 58 bis 66 cm. Gewicht o.A.
Herkunft: Wie auch bei anderen Schweizer Sennenhundrassen wird die Herkunft des Berner Sennenhundes auf die Tibet Dogge zurückgeführt, die unter dem Namen Molosserhund etwa 325 v.Chr. durch Alexander den Großen Eingang in den griechisch-römischen Kulturkreis fand. Die Römer brachten die Vorfahren der Schweizer Sennenhundrassen über die Alpen. Wegen seines Vorkommens im Kanton Bern um die Jahrhundertwende benannte man den Nachkommen alter Treib- und Hütehunde »Berner«-Sennenhund, der neben dem Großen Schweizer Sennenhund der größte Vertreter dieser Gattung ist.
Charakter und Eignung: Der Berner Sennenhund ist ein anhänglicher, intelligenter und gehorsamer Familienhund, der sich seiner Familie gegenüber im Ernstfall verteidigungsbereit zeigt. Ob-

Mit einer Größe zwischen 60 und 70 cm ist der Berner Sennenhund (oben) der stattlichste Vertreter seiner Art.
Der Bernhardiner (unten) wurde bereits im Mittelalter als Bergrettungshund ausgebildet.

wohl er heute mehr als Wach- und Begleithund gehalten wird, findet er auch noch Einsatz als Viehhüter und Viehtreiber, und wie in früheren Zeiten zuweilen als Lastenzieher.

Bernhardiner

Gesamterscheinung: Großer, imposanter, kräftiger Hund mit festem und muskulösem Körperbau, mächtigem Kopf und intelligentem Gesichtsausdruck.

Kopf: Mächtig, mit sehr kräftigem, etwas breitem und gewölbtem Oberkopf, der seitlich in leichter Rundung in die sehr stark entwickelten, hohen Backenpartien übergeht. Hinterhauptbein mäßig entwickelt. Zwischen den Augen beginnende, an der Nasenwurzel tiefe, markant abgezeichnete und erst allmählich flacher verlaufende Furche, die sich über den ganzen Oberkopf zieht. Stirnhaut bildet starke Falten. Der Oberkopf geht ziemlich abrupt in den Fang über, der kurz, ohne jede Verjüngung ist. Nase kräftig, breit und schwarz. Scherengebiß. Lefzen dürfen nicht niederhängen. Augen braun, mehr nach vorn gerichtet. Ohren mittelgroß, ziemlich hoch angesetzt, am Ansatz leicht abstehend, sonst anliegend.

Hals: Hoch angesetzt, sehr kräftig und muskulös, waagrecht oder gesenkt getragen, bei Aufregung jedoch steil aufrecht. Kehl- und Halswamme.

Rumpf: Rücken sehr breit und bis zu den Lenden völlig gerade. Schulterblätter schräg und breit, sehr muskulös und kräftig. Widerrist stark ausgeprägt. Brust gut gewölbt und mäßig tief.

Gliedmaßen: Vorderläufe gerade, kräftig. Oberarme schräg, sehr stark und muskulös. Hinterläufe stark, gerade, Keulen gut bemuskelt. Sprunggelenke leicht gebogen, mehr oder weniger nach außen gedreht. Pfoten mäßig geschlossen, breit, mit kräftigen, gewölbten Zehen.

Rute: Breit, kräftig, sehr schwer und lang, geht unmittelbar von der Kruppe aus und endet in einer kräftigen Spitze. In Ruhestellung frei hinabhängend, nur das letzte Drittel ist gelegentlich etwas aufgebogen.

Haar: *Stockhaarige Varietät:* Sehr dicht, hart, glatt anliegend, an den Keulen leichte Hosen bildend. Am Rutenansatz länger und dichter, gegen die Spitze zu kürzer behaart, insgesamt buschige Rute ohne Fahne. *Langhaarige Varietät:* Haare mäßig lang, glatt oder leicht gewellt, niemals gekrümmt, oder gelockt, keinesfalls hart. An der Rute dicht und mäßig lang, bildet keine Fahne. Vorderläufe nur mit leichten Federn, Hinterläufe mit gut entwickelten Hosen.

Farbe: Weiß mit roten Abzeichen oder Rot mit weißen Abzeichen, dabei ist Rot in allen Schattierungen möglich. Weiß mit graubraunen bis graugelben Platten oder umgekehrt. Notwendige Abzeichen: Weiße Brust, Pfoten, Rutenspitze, Nasen- und Halsband. Genickfleck oder Blesse erwünscht.

Größe und Gewicht: Rüde mindestens 75 cm, Hündin mindestens 70 cm. Gewicht o.A.

Herkunft: Der Bernhardiner gilt als Abkömmling römischer Molosserhunde; er soll schon im Mittelalter in der Schweiz gelebt haben. Bereits 1650

Boxer sind zuverlässige und kinderfreundliche Haushunde, daneben ein Deutsch Kurzhaar, ein Jagdhund. Der Cocker Spaniel (unten), einst als Jagdhund gezüchtet, ist heute vor allem ein beliebter Begleit- und Gesellschaftshund.

hielten Bernhardiner auf dem Großen St. Bernhard Einzug, wo sie von Mönchen des Hospiz auf dem Gr. St. Bernhard zu Bergrettungshunden ausgebildet wurden. Die ursprünglich stockhaarige Varietät wurde durch Zuführung von Neufundländerblut aufgefrischt, woraus u.a. die Langhaarigkeit der zweiten Varietät resultiert.

Charakter und Eignung: Bei seiner Gutmütigkeit und Freundlichkeit gegenüber Kindern und Treue zu seinem Herrn ist der Bernhardiner jedoch sehr wachsam und ein zuverlässiger Beschützer von Haus und Hof. Seine Größe schlägt sich in großen Platzansprüchen und dem beachtlichen Futterbedürfnis nieder.

Boxer

Gesamterscheinung: Mittelgroßer, kurzhaariger, kräftig gebauter und lebhafter Hund mit quadratischer Gestalt und kräftigen Läufen. Vereint in sich Kraft und Geschwindigkeit. Der Boxer hat kupierte Stehohren, eine kupierte Rute und einen gut proportionierten Kopf.

Kopf: Leicht gerundet mit markantem Stop, trocken, ohne unnötigen Falten. Kopf gut proportioniert, von jeder Seite her betrachtet ist die Fangpartie im richtigen Verhältnis zum Oberkopf. Je mehr die Fangbreite der Oberkopfbreite gleicht, um so besser. Vorbeißer. Beide Kiefer von vorn gesehen sehr breit. Oberlefze dick, quadratisch und wulstig, bildet mit dem Nasenrücken einen stumpfen Winkel. Unterkiefer breit und etwas vorgezogen. Zähne und Zunge werden von der Oberlefze verdeckt. Nase schwarz mit weiten Nasenlöchern. Augen ziemlich groß, dunkel und rund. Ohren spitz kupiert und hoch am Schädel angesetzt.

Hals: Mittellang, rund, kräftig und muskulös, Genick gut zu erkennen, ohne Wamme.

Rumpf: Quadratischer Körperbau. Brust tief, bis zu den Ellbogen reichend. Rippen gut gewölbt. Flanken leicht aufgezogen. Rücken kurz, ziemlich breit, gut bemuskelt und gerade. Becken lang und ziemlich breit, besonders bei Hündinnen.

Gliedmaßen: Vorderläufe gerade, parallel verlaufend, mit kräftigen, kompakten Knochen. Ellbogen weder an der Brust anliegend, noch abstehend, Vorderfußwurzel deutlich zu sehen, ziemlich kurz, leicht schräg gestellt. Hinterläufe sehr muskulös, Keulen möglichst breit, Lenden leicht geneigt und flach gewölbt. Pfoten klein, rund und geschlossen (Katzenpfoten).

Rute: Hoch angesetzt, aufrecht getragen und sehr kurz kupiert.

Haar: Kurz und glänzend, glatt am Körper anliegend.

Farbe: Gestromt und Gelb in den verschiedensten Schattierungen von Dunkelhirschrot bis Hellgelb. Stromung geht von Hellgold bis Dunkel. Weiße Abzeichen sind gestattet.

Größe und Gewicht: Rüde 57 bis 63 cm, Hündin 53 bis 59 cm. Rüde etwa 30 kg, Hündin etwa 25 kg.

Herkunft: Sogenannte Bären- oder Bullenbeißer, die zur Wolfs-, Bären- und Wildsaujagd verwandt wurden, sind die Vorfahren des Boxers.

Charakter und Eignung: Wegen seines Mutes ist der Boxer zur Abrichtung als

Der ebenso elegante wie intelligente Collie ist seiner Familie mit großer Anhänglichkeit zugetan.

Schutzhund geradezu prädestiniert. Im Umgang mit Artgenossen zeigt er sich zuweilen aggressiv. Seine Anhänglichkeit gegenüber seinem Herrn und die damit verbundene Beschützerrolle für Haus und Hof sowie die große Kinderfreundlichkeit machen den Boxer zum beliebten Haushund, der mit seinem kurzen, glatten Fell auch in einer Stadtwohnung gut zu halten ist. Boxer haben sich auch als Sanitätshunde und Blindenführer bewährt.

Cocker Spaniel

Gesamterscheinung: Mittelgroßer, langhaariger, kompakter, sehr beweglicher und agiler Jagdhund.
Kopf: Kräftig, langgestreckt. Klar modellierter, ebenmäßig entwickelter Fang. Kiefer gerade und kräftig. Trockene Kinnbacken. Deutlich markierter Stop. Schädel und Stirn gut entwickelt und leicht gerundet. Nase weit, genügend breit. Augen voll, nicht vorstehend, braun. Ohren herabhängend, tief angesetzt, zart und nicht über die Nasenspitze hinausreichend, dicht mit langen, seidigen Haaren bedeckt. Scherengebiß.
Hals: Lang, muskulös. Guter, geschwungener Übergang in die schrägen Schultern.
Rumpf: Kompakt, kräftig. Brust tief und gut entwickelt. Rippen wohlgeformt. Lendenpartie kurz, breit und kräftig. Der Rücken fällt zum Rutenansatz hin ab.
Gliedmaßen: Vorderläufe gerade, mit gut entwickelten Knochen, nicht zu lang, an der Rückseite gut befedert. Schultern schräg und gut geformt. Hinterläufe breit gestellt, gut gerundet, sehr muskulös, gut befedert, nicht zu lang. Pfoten fest, rund, nicht zu groß und katzenartig.
Rute: Tief angesetzt, niemals aufrecht getragen, bei der Arbeit in unermüdlicher Bewegung. Soll nicht zu sehr kupiert werden, denn sie ist Ausdruck der Lebendigkeit.
Haar: Anliegend und seidig, weder rauh noch wellig, mit Fahnen an den Läufen, insgesamt jedoch nicht zu üppig und nicht gelockt.
Farbe: Bei den Einfarbigen vor allem Schwarz und Rot(gold), bei den Mehrfarbigen Schwarz mit Weiß oder Rot mit Weiß oder dreifarbig Schwarz, Weiß und lohfarben. Bei den Einfarbigen weißer Brustfleck oder weiße Pfoten nicht erwünscht.
Größe und Gewicht: Rüde 39 bis 41 cm, Hündin 38 bis 39 cm. 12 bis 14,5 kg.
Herkunft: Die Abstammung des Cocker Spaniels wird auf den Springer Spaniel, der ein Jagdhund ist, und auf die Toy Spaniels zurückgeführt.
Charakter und Eignung: Das sanfte, fröhliche und zärtliche Wesen hat den Cocker Spaniel in aller Welt zu einem beliebten Begleit- und Gesellschaftshund werden lassen, obgleich er eigentlich als Jagdhund gezüchtet wurde. Seine ausgezeichnete Nase läßt ihn fährtenlaut Schweißarbeit verrichten. Bei großer Apportier- und Wasserfreudigkeit ist der gelehrige Cocker Spaniel als Jagdhund leicht zu führen. Wird er nur als Familienhund gehalten, so muß sein unerschöpfliches Aktivitätsbedürfnis in reichlich Bewegungsmöglichkeit umgesetzt werden.

Collie

Gesamterscheinung: Groß, schlank, elegant und hochläufig, mit einem schlanken Kopf, Kippohren und einer langen, reichlich behaarten Rute.
Kopf: Flacher Schädel, angemessen breit zwischen den Ohren, mit allmählicher Verjüngung in Richtung der Augen. Die Breite hängt vom Verhältnis der Schädel- und Nasenlänge ab und wird als Ganzes im Hinblick auf die Größe des Hundes beurteilt. Nasenrükken fast gerade. Fang weder flach noch zu spitzig. Geringer Stop. Augen mittelgroß, leicht schräg eingesetzt, mandelförmig und dunkelbraun, bei blauen Collies (Blue merle) jedoch auch blau oder blaugefleckt. Ohren klein, am Ansatz verhältnismäßig breit, hoch angesetzt, nach vorn gerichtet und mit leicht gekippter Spitze halb aufgerichtet.
Hals: Muskulös und kräftig, gut gewölbt.
Rumpf: Breit und ziemlich lang, mit gut gerundeten Rippen. Brust tief.
Gliedmaßen: Schultern abfallend und gut gewinkelt. Vorderläufe gerade und muskulös, Ellbogen weder aus- noch einwärts gedreht. Hinterläufe mit muskulösen Keulen, sehnig, schlank und gut gewinkelt. Pfoten oval.
Rute: Lang, in Ruhestellung herabhängend, mit leicht aufgezogenem Ende, bei Erregung fröhliche Stellung, keinesfalls aber höher als Rückenlinie.
Haar: Sehr dicht. Deckhaar glatt und hart, Unterwolle weich und so dicht, daß nur schwer an die Haut heranzukommen ist. Üppige Mähne und Halskrause. Gesicht und Ohrenspitzen kurz, Ohransatz länger behaart. Vorderläufe gut befedert, Hinterläufe oberhalb des Mittelfußes reichlich, unterhalb nur kurz behaart. Rute sehr üppig befedert.
Kurzhaar-Collie: Haar hart und dicht und sehr kurz.

Farbe: Sable (Gelbweiß), Tricolor (vorwiegend Schwarz mit braunen Abzeichen), Blue merle (Silberblau mit schwarzen Flecken). Weiße Abzeichen möglich.
Größe und Gewicht: Rüde 56 bis 61 cm, Hündin 51 bis 56 cm. Rüde 20 bis 30 kg, Hündin 18 bis 25 kg.
Herkunft: Bereits vor Jahrhunderten versah eine alte schottische Schäferhundrasse ihre Arbeit, die Ende des 19. Jh. durch Einkreuzung von Barsois veredelt wurde.
Charakter und Eigung: Die angeborenen Eigenschaften, die zum Hüten und Bewachen von Schafen notwendig sind, kommen dem Collie bei entsprechendem Einsatz zugute. Auch als Sanitäts-und Meldehund hat sich der intelligente, scharfsinnige und sehr gelehrige Collie bewährt. Obwohl er heutzutage fast nur als Begleit- und Familienhund gehalten wird, macht ihn sein ausgeprägter Schutztrieb zum zuverlässigen Wächter von Haus und Hof. Seiner Familie einschließlich der Kinder ist er mit großer Anhänglichkeit zugetan. Der Collie benötigt viel Auslauf und Bewegung.

Dackel (Teckel)

Gesamterscheinung: Ein langgestreckter, strammer, niederläufiger Hund mit langem, gleichmäßig schmäler werdendem Kopf und langer Rute. Drei Hauptformen werden nach der Haarbeschaffenheit unterschieden: Kurzhaar, Rauhhaar und Langhaar. Dazu gibt es, nach der Größe unterteilt, noch den Zwerg- und den Kaninchenteckel.
Kopf: Langgestreckt, von oben und von der Seite her gesehen zur Nase hin gleichmäßig schmäler werdend, gut ausgebildet und markant. Schädel flach, vorzugsweise ohne Stop. Nasenrücken lang und schmal, leicht gewölbt.

Das weiche, seidenartige Haar unterscheidet den langhaarigen Dackel von seinen kurz- und rauhaarigen Vettern.

Fang weit zu öffnen, Lippenspalte bis hinter die Augen geschlitzt. Zangen- oder Scherengebiß. Nase weit offen, dunkel. Augen mittelgroß, mandelförmig, seitlich eingesetzt. Ohren hoch und relativ weit hinten angesetzt, mäßig lang, unten gerundet, vordere Kante dicht am Kopf anliegend.
Hals: Verhältnismäßig lang, trocken, ohne Wamme oder Kehlfalten, Nacken leicht gebogen, kräftig und muskulös, aufgerichtet getragen.
Rumpf: Rücken lang, gerade, am Widerrist hoch. Lenden leicht gewölbt. Brustbein zeichnet sich deutlich ab und springt stark hervor. Rippenkorb von vorne oval, sonst kompakt und breit, Rippen weit nach hinten reichend. Bauch mäßig aufgezogen.
Gliedmaßen: Schultern lang und schräg gestellt, dicht am Brustkorb anliegend, kräftig bemuskelt. Schultern ebenso lang wie die Oberarme, im rechten Winkel zu diesen stehend. Vorderarm kurz, gerade, etwa so lang, daß die Bodenfreiheit des Hundes ungefähr ein Drittel seiner Höhe im Widerrist beträgt. Hinterläufe mit kräftigen Oberschenkeln, im rechten Winkel zum Becken angesetzt, Unterschenkel kurz, ebenfalls gut gewinkelt, kräftig und muskulös. Pfoten geschlossen und gut gewölbt.
Rute: In Verlängerung der Rückenlinie, meist leicht hängend getragen, lang, kräftig, mäßig behaart, bei langhaarigen Hunden jedoch mit reicher Fahne.
Haar: *Kurzhaar:* Kurzes, dichtes, glänzendes und glatt anliegendes Haar. *Langhaar:* Weiches, anliegendes, gerades, seidiges, mäßig langes Haar, unter dem Hals am Behang, am Bauch, an den Läufen und an der Rute sehr reich behaart. *Rauhhaar:* Gleichmäßig, anliegend, dicht und drahtig, mit weicher Unterwolle. Augenbrauen dicht und derb behaart, am Fang ein Bart, Rute ohne Fahne. *Zwerg- und Kaninchenteckel* kommen in allen drei Haararten vor.
Farbe: Einfarbig Rot, Rotgelb, Gelb, auch mit schwarzer Stichelung, zweifarbig Schwarz, Braun, Grau oder Weiß mit rostbraunen oder gelben Abzeichen, gefleckt oder getigert mit hellem Fell und dunklen Flecken, gestromt mit rotem oder gelbem Fell und dunkler Stromung, auch andere Farben sind zugelassen wie z.B. Saufarben.
Größe und Gewicht: *Schwerer Schlag:* Rüde bis 9 kg, Hündin bis 8 kg; *Mittelschlag:* Rüde bis 7 kg, Hündin bis 6 kg; *leichter Schlag:* Rüde um 6 kg, Hündin um 5 kg; *Zwergteckel:* Brustumfang 35 cm; *Kaninchenteckel:* Brustumfang 30 cm. Höhe bei diesen o.A.
Herkunft: Der Teckel entstand wahrscheinlich als niederläufige Form größerer Laufhunde. Durch Einkreuzung eines Wachtelhundes erreichte man später den Langhaarteckel, und nachdem eine Terrierrasse und der Zwergschnauzer eingekreuzt wurden, entstand erst der Rauhhaarteckel.
Charakter und Eignung: Der Teckel erfreut sich in Europa großer Beliebtheit. Er ist intelligent, einerseits lieb und anhänglich, andererseits jedoch eigenwillig und sehr selbständig. So vermag er stundenlange Pirschgänge zu unternehmen und seinen Herrn auf eine große Geduld- und Warteprobe zu stellen. Die frühzeitig einsetzenden erzieherischen Maßnahmen erfordern viel Geduld und

Während beim Dalmatiner (oben) möglichst runde Flecken erwünscht sind, sollen sie bei der weißgefleckten Dogge (unten) unregelmäßig geformt sein. Diese schöngezeichnete sogenannte Tigerdogge ist übrigens aus Porzellan.

Konsequenz. Seiner Familie begegnet der Teckel freundlich, ohne Schmeichelei und ohne überschwengliche Anhänglichkeit. Bei der Jagd auf Fuchs und Dachs ist der Teckel vielseitig verwendbar: als Stöberer, zur Arbeit im Bau, als Schweißhund am langen Riemen und als spurlauter Brackierer.

Dalmatiner

Gesamterscheinung: Kräftiger, muskulöser, symmetrisch gebauter, mittelgroßer Laufhund mit weißem, schwarz oder braun geflecktem Haarkleid.
Kopf: Langgestreckt, trocken. Schädel flach, ziemlich breit. Deutlich sichtbarer, aber nicht zu markanter Stop. Fang lang und kräftig. Lefzen glatt und dicht anliegend. Scherengebiß. Nase schwarz oder braun, je nach Fleckenfarbe. Augen mäßig auseinanderstehend, rund, mittelgroß, bei schwarzgefleckten Hunden schwarz oder braun, bei braungefleckten gelb oder hellbraun. Ohren hoch, weit auseinander und breit angesetzt, hängend und anliegend getragen, Spitze gerundet.
Hals: Trocken, schön geschwungen, nicht zu stark, mittellang.
Rumpf: Rücken gerade, nicht zu massiv. Lenden stark, muskulös und etwas gewölbt. Brustkorb sehr tief, schmal. Rippen leicht gewölbt, aber nicht zu rund.
Gliedmaßen: Schultern leicht schräg gestellt, muskulös. Vorderläufe vollkommen gerade, stämmig und starkknochig, Ellbogen dicht am Körper anliegend. Hinterläufe kräftig und gerade, Keulen gut sichtbar bemuskelt, Sprunggelenke tief niedergelassen, gewinkelt. Pfoten rund, fest (Katzenpfoten).
Rute: Mäßig lang, kräftig im Ansatz, schräg abwärts getragen, an der Spitze schwach aufwärts gebogen, reichlich gefleckt.
Haar: Kurz, glatt, fest, dicht, glänzend.
Farbe: Reinweiß, dazu schwarze oder leberfarbene, möglichst runde Flecken.
Größe und Gewicht: Rüde 55 bis 60 cm, Hündin 50 bis 55 cm, 25 bis 30 kg.
Herkunft: Die Herkunft des Dalmatiners liegt etwas im Dunkeln. Zwar gilt Jugoslawien als Ursprungsland, aber die früheren Namensbezeichnungen wie »Bengalische Bracke« lassen sogar indische Einflüsse vermuten. In England fand der elegante Dalmatiner Verwendung als Kutschenbegleiter, wobei er nicht neben sondern unter der Kutsche mitlief.
Charakter und Eignung: Der sehr aufgeweckte, intelligente Dalmatiner hängt hingebungsvoll an seiner Familie. Ein Einmannhund ist er nicht, auch wenn er ein Familienmitglied mehr bevorzugt als ein anderes. Er ist ein leicht erziehbarer, kinderfreundlicher Gefährte. Sein lebhaftes Wesen erfordert viel tägliche Bewegungsmöglichkeit. Der Dalmatiner ist ein angenehmer Gesellschafts- und auch Wachhund.

Deutsche Dogge

Gesamterscheinung: Großer, muskulöser Hund mit schmalem, gut geformtem Kopf, hoch angesetzten Ohren und langer Rute.
Kopf: Aufrecht, schmal, ausdrucksvoll, fein gemeißelt, mit stark betontem Stop,

Die bei uns beliebteste und verbreitetste Rasse ist nach wie vor der Deutsche Schäferhund.

von allen Seiten eckig mit festen Linien. Stirn in der Seitenansicht scharf vom Nasenrücken abgesetzt. Nasenrücken so breit wie möglich. Wangenmuskeln nur leicht angedeutet. Fang vorne möglichst senkrecht abgestumpft mit ausgeprägten Lippenwinkeln. Augen mittelgroß, rund, möglichst dunkel. Ohren hoch angesetzt, nicht zu weit auseinanderstehend, ziemlich lang, spitz kupiert, aufrecht getragen. Die Nase ist bei gestromten und einfarbigen Doggen schwarz, bei gefleckten Doggen auch schwarz gefleckt oder fleischfarben. Scherengebiß.

Hals: Hoch angesetzt, gespannt, lang, trocken, muskulös und sehnig, ohne Kehlhautfalten.

Rumpf: Möglichst quadratisch und gerade. Bei Hündinnen ein etwas längerer Rücken zulässig. Karpfenrücken gilt stets als Fehler. Brust tief und breit. Bauch nach hinten gut aufgezogen.

Gliedmaßen: Schultern der Vorderläufe kräftig, muskulös, Ellbogen ganz gerade. Keulen der Hinterläufe breit, muskulös, Unterschenkel lang und kräftig. Pfoten rund und geschlossen.

Rute: Mittellang, höchstens nur bis zu den Sprunggelenken reichend, hoch und breit angesetzt, kräftig, zur Spitze hin dünn auslaufend, in Ruhestellung hängt sie gerade hinab, in Bewegung ist die Spitze leicht aufgebogen.

Haar: Kurz und dicht, glatt anliegend und glänzend.

Farbe: Gelb von hellgold- bis goldfarben, Gelbgestromt (mit schwarzer Stromung), Stahlblau (weiße Abzeichen und helle Augen zulässig), Schwarz-Weiß-gefleckt (sogenannte Tigerdogge), dabei sollte die Grundfarbe weiß und unregelmäßige schwarze Flecken darauf verteilt sein.

Größe und Gewicht: Rüde mindestens 80 cm, Hündin mindestens 72 cm, zwischen 50 und 80 kg.

Herkunft: Die Deutsche Dogge entstand aus der Kreuzung zwischen Mastiff und Windhund. Im Mittelalter fanden die Ahnen der Deutschen Dogge wegen ihrer Kraft und mutigen Entschlossenheit bei der Schwarz- und Rotwildjagd Verwendung. Aus dieser Zeit stammen die Bezeichnungen Hatzrüde, Saufänger oder Saupacker.

Charakter und Eignung: Die Deutsche Dogge vereinigt in ihrer edlen Gesamterscheinung Stolz, Kraft und Eleganz. Sie verrät selbst im stärksten Affekt keine Nervosität. Ihr Charakter ist freundlich, liebevoll und anhänglich gegen die Angehörigen, besonders gegen Kinder, zurückhaltend und mißtrauisch gegenüber Fremden. Sie benötigt viel Auslauf. Mit einfühlsamer Führungshand ist eine Erziehung auch über die einfachen Anstandsregeln hinaus möglich.

Deutscher Schäferhund

Gesamterscheinung: Dieser große, langgestreckte Hund verbindet natürliche Kraft mit Gewandtheit und Intelligenz und ist sehr gelehrig.

Kopf: Trocken, geringer Abstand zwischen den Ohren, Schädel flach, mit geringem Stop. Fang trocken, keilförmig und kräftig. Lefzen straff, trocken und gut anliegend, Nasenrücken gerade, fast parallel zur verlängerten Stirnlinie verlaufend. Nase dunkel. Gebiß sehr kräftig, Schneidezähne greifen scherenför-

mig aufeinander. Augen mittelgroß, mandelförmig, schräg eingesetzt, dunkel und mit wachem Ausdruck. Ohren mittelgroß, spitzig und aufgestellt, hoch am Schädel angesetzt.

Hals: Kräftig, mit starken Muskeln, nicht allzu lang, ohne lose Kehlhaut.

Rumpf: Rücken einschließlich Lenden gerade und fest, nicht zu kurz, Rumpflänge soll größer sein als die Widerristhöhe. Brust tief, jedoch nicht zu breit. Rippen weder flach noch tonnenförmig. Bauch mäßig aufgezogen, Lenden breit und kräftig. Kruppe lang, leicht abfallend.

Gliedmaßen: Schulterblätter der Vorderläufe lang und schräg, flach anliegend, mit dem Oberarm einen annähernd rechten Winkel bildend, Unterarm gerade, Mittelfuß fest, Ellbogen weder ein- noch auswärtsgebogen. Keulen der Hinterläufe breit, kräftig bemuskelt, in Seitenansicht schräg gestellt, Sprunggelenke und Hintermittelfuß kräftig und fest. Pfoten rund, gut geschlossen und nicht sehr lang, leicht gewölbt.

Rute: Buschig behaart, bis zu den Sprunggelenken hinabreichend. In Ruhestellung hängt sie in sanftem Bogen herab, bei Erregung und in Bewegung wird sie erhoben, jedoch nicht höher als die Rückenlinie.

Haar: *Stockhaarig:* Deckhaar kurz, hart, gerade, fest anliegend, dichte Unterwolle. An der Rückseite der Vorder- und Hinterläufe ist das Haar bis zu den Sprunggelenken verlängert und bildet sogenannte Hosen, auch bei den kurzhaarigen Schäferhunden.

Langhaarig: Längere Deckhaare, meist ohne Unterwolle, daher nicht wetterfest und auch nicht mehr zur Zucht zugelassen.

Farbe: Schwarz, Stahlgrau, Aschgrau, entweder einfarbig oder mit regelmäßigen braunen, gelben bis weißgrauen Abzeichen, schwarzem Sattel oder Wolfsfärbung.

Schnelligkeit, Ausdauer und Witterungsvermögen sind beim Dobermann (oben) besonders gut entwickelt.

Der fröhliche, lebhafte und intelligente Foxterrier (unten) ist als Haushund sehr beliebt. Er braucht viel Bewegung.

Größe und Gewicht: Rüde 60 bis 65 cm, Hündin 55 bis 60 cm, etwa 32 kg.
Herkunft: Herausgezüchtet aus nord- und mitteldeutschen Schäferhunden.
Charakter und Eignung: Leichtführig, lernfreudig, in Reizsituationen eine natürliche Schärfe als auch größtmögliche Härte zeigend. Er wird mit vielfältigen Aufgaben betreut, so z.B. bei der Suche nach verschütteten Menschen im Schnee oder als Blindenführhund. Ebenso bewährt ist der Schäferhund im Polizeidienst. Er verlangt nach ständiger Beschäftigung, sein Aktivitätsdrang muß durch konsequente Erziehung und gute Führung in die richtigen Bahnen gelenkt werden. Wird auch noch als Hüter von Schafen eingesetzt. Guter Wach- und Schutzhund.

Dobermann

Gesamterscheinung: Kurzhaariger, elastischer, kräftiger und muskulöser Schutz- und Diensthund, der sehr gelehrig und anhänglich ist.
Kopf: Deutlich vom Hals abgesetzt, im Profil und von oben gesehen stumpf keilförmig. Geringer Stop. Fang tief und breit. Lefzen straff. Nase schwarz. Scherengebiß. Augen so dunkel wie möglich. Ohren hoch angesetzt, aufrechtstehend, kupiert.
Hals: Aufrecht, trocken, muskulös und in gefälliger Linie gebogen.
Rumpf: Rücken kurz und straff, Widerrist deutlich ausgeprägt. Brustkorb tief, Brust breit. Der Bauch ist deutlich aufgezogen.
Gliedmaßen: Starkknochig. Vorderläufe ganz gerade bis zu den Fesseln, Keulen breit, gut bemuskelt. Pfoten gewölbt und geschlossen, ziemlich kurz.
Rute: Hoch angesetzt, kräftig und kupiert.
Haar: Kurz und hart, ziemlich dicht, fest und glatt anliegend.
Farbe: Schwarz, Dunkelbraun oder Blau, mit rostrotem Fleck, meist an der Kehle.
Größe und Gewicht: Rüde 68 bis 70 cm, Hündin 63 bis 66 cm. Gewicht o.A.
Herkunft: Der Dobermann entstammt einer Mischung aus Pinschern, Deutschen Doggen und Rottweilern, die in Thüringen Friedrich Karl Dobermann um 1860 vornahm.
Charakter und Eignung: Die Dobermannrasse gilt als anerkannte Diensthundrasse. Weitere Verwendung findet der treue und intelligente Hund als Schutz-, Fährten- sowie auch als Blindenführhund. Neben viel Bewegung und Beschäftigung verlangt der Dobermann nach engem Kontakt zu seinem Besitzer und dessen Familie. Die ihm angezüchtete Schärfe von ehedem wohnt ihm zwar noch inne, doch ist er nicht aggressiv. Gelehrigkeit und Gewandtheit werden bei konsequenter Führung umgesetzt in Zuverlässigkeit, wie sie von einem guten Schutzhund gefordert wird.

Foxterrier

Gesamterscheinung: Lebhafter, kleiner Hund, der einen kräftigen, gut proportionierten Körper, verhältnismäßig lange Beine, eine kupierte Rute, und hoch stehende, nach vorn gekippte Ohren hat. Es gibt zwei Arten, die nach der

Auch der Golden Retriever war ursprünglich ein reiner Jagdhund, gilt heute aber als ein geschätzter Hausgenosse.

Beschaffenheit des Haarkleides unterschieden werden (Glatthaar und Rauhhaar).
Kopf: Quadratisch. Schädel flach, zwischen den Ohren breiteste Stelle, zu den Augen hin schmäler. Kräftiger, langgezogener Fang, jedoch nicht keilförmig. Kiefer gut entwickelt, Scherengebiß. Nase schwarz. Augen dunkel, klein und nicht hervortretend. Ohren klein, V-förmig, nach vorn gekippt, Spitzen liegen am Schädel an.
Hals: Mäßig lang, zum Kopf hin schmäler werdend, insgesamt aber kräftig, muskulös und trocken, schön geschwungen.
Rumpf: Rücken kräftig, kurz und sehr gerade. Lenden muskulös und leicht gewölbt. Brust schmal und tief. Rippen gut gewölbt, am Bauch weit nach hinten gezogen. Bauch etwas aufgezogen.
Gliedmaßen: Schulterblätter der Vorderläufe lang und schräg gestellt. Ellbogen stehen frei am Körper, senkrecht und weder ein- noch auswärts gedreht. Vorderläufe von allen Seiten völlig gerade, kräftig. Keulen der Hinterläufe kräftig und muskulös, Unterschenkel lang und kräftig, Sprunggelenke tief angesetzt, Fuß gerade. Pfoten rund, geschlossen, nicht zu groß.
Rute: Gut und dicht behaart, hoch angesetzt und aufrecht getragen, jedoch nicht über dem Rücken gerollt, kupiert.
Haar: Beim Glatthaar gerade, glatt, dicht, gut anliegend. Beim Rauhhaar hart und drahtig, derb und dicht, nicht zu lang. Der Kopf soll durch die Haare rechteckig erscheinen.
Farbe: Weiß muß überwiegen, dazu Flecken oder Platten, die jedoch nicht geflammt, rot, leberbraun oder schieferblau sein sollen. Wichtiger als die Farbe ist jedoch ein guter Körperbau.
Größe und Gewicht: Rüde 38 bis 40 cm, Hündin 36 bis 38 cm, 6,5 bis 9 kg.
Herkunft: Die Herkunft des Foxterriers ist nicht genau geklärt. Tatsächlich handelt es sich um eine sehr alte englische Jagdhundrasse, deren Popularität aber erst mit der Einführung von Fuchsjagden zu Pferde stieg. Die Einkreuzung von Foxhound, Beagle und Bullterrier wird vermutet.
Charakter und Eignung: Noch heute erfährt der scharfe und draufgängerische Foxterrier jagdlichen Einsatz bei der Erdarbeit als Stöber- und Schweißhund. Meist hält man jedoch den fröhlichen, intelligenten und lebhaften Terrier als Haushund, der auch wegen seiner Zuneigung zu Kindern geschätzt wird.

Golden Retriever

Gesamterscheinung: Mittelgroßer, stattlicher, jedoch keineswegs ungeschlachter, solide und gut gebauter Hund mit wenig Gesichtsausdruck.
Kopf: Schädel breit, gut auf den geraden Hals gesetzt. Fang breit. Kiefer kraftvoll. Ausgeprägter Stop. Augen dunkel, mit freundlichem Ausdruck. Lider dunkel gerandet. Ohren mittelgroß, wohl herabfallend. Nase schwarz. Weder Vor- noch Hinterbiß.
Hals: Gerade und muskulös.
Rumpf: Richtig ausgewogen, kurz. Brust breit. Rippen tief und richtig plaziert.
Gliedmaßen: Vordergliedmaßen gerade, mit guten Knochen. Schultern lang.

Lenden und Hinterläufe kräftig und muskulös, nicht kuhhessig. Pfoten rund.
Rute: Weder allzu fröhlich getragen, noch am Ende gerollt.
Haar: Glatt oder wellig, mit reichlichen Fransen und dichter, wasserabweisender Unterwolle.
Farbe: Zulässig sind alle gold-und rahmfarbenen Schattierungen, jedoch keineswegs rot oder mahagonifarben. Ein wenig weiße Haare an der Brust sind gestattet.
Größe und Gewicht: Rüden 56 bis 61 cm, Hündinnen 51 bis 56 cm. Mittleres Gewicht bei Rüden zwischen 29,5 und 31,5 kg, bei Hündinnen zwischen 25 und 27 kg.
Herkunft: Über die Herkunft des Golden Retrievers können nur Mutmaßungen angestellt werden. Setter, Spaniel, russischer Schäferhund und gar Bloodhound sollen an der Entstehung dieser englischen Rasse beteiligt gewesen sein.
Charakter und Eignung: Ursprünglich war der Golden Retriever ein reiner Jagdhund. Als Stöber- und Apportierhund ist er besonders für die Jagd auf Federwild geeignet, dank seiner Wasserfreudigkeit wird er aber auch bei der Wasserjagd genutzt. Der wachsame, gegenüber Kindern geduldige und anhängliche Golden Retriever ist heute ein geschätzter Begleithund und ein ruhiger Hausgenosse.

Hovawart

Gesamterscheinung: Großer, kräftiger, langhaariger, sehr beweglicher Schutz- und Begleithund, der besonders durch die schönen Haare auffällt.
Kopf: Breit und gut gerundet. Stirn breit und gewölbt. Fang kräftig, nicht zu spitz. Kräftiger Kiefer. Nasenrücken gerade, Nase gut entwickelt, dunkel. Lefzen anliegend. Scherengebiß. Augen

mittelgroß, mandelförmig und dunkel. Ohren hoch und weit auseinander angesetzt, hängend.

Hals: Mittellang, nicht zu massig, gut behaart und gleichmäßig ansteigend.

Rumpf: Rücken sehr gerade und fest, gut, aber nicht zu kräftig bemuskelt. Lendenpartie leicht aufgezogen und etwas gewölbt. Kruppe nur wenig abfallend, nur mäßig lang. Brust tief und gut gerundet, nicht zu breit.

Gliedmaßen: Kräftig, gerade, gut behaart und verhältnismäßig lang. Schultern der Vorderbeine gewinkelt. Hinterläufe gut bemuskelt, gerade. Pfoten geschlossen und gut gewölbt.

Rute: Lang, kräftig im Ansatz, dünner zur Spitze hin, hängend, Fahne.

Haar: Langes, leicht gewelltes Haar, das gut am Körper anliegt.

Farbe: Schwarz, Blond, markenfarbig, auch Schwarz mit weißem Abzeichen an der Brust oder Schwarz mit markenfarbigen Flecken.

Größe und Gewicht: Rüde 60 bis 70 cm, Hündin 55 bis 65 cm. Rüde 30 bis 40 kg, Hündin 25 bis 35 kg.

Herkunft: Bereits im Mittelalter wird der Hovawart als zuverlässiger und mutiger Wächter und Verteidiger des Hofes beschrieben. Nach rapidem Rückgang erfuhr die Zucht des Hovawarts durch Kreuzung von Restbeständen alter Bauernhunde des Harzes und Schwarzwaldes mit Schäferhunden altdeutscher Landschläge und Neufundländern in den zwanziger Jahren verstärkt Aufschwung.

Charakter und Eignung: Der spätreife Hovawart ist bereits im Junghundestadium sehr lernfähig. Leicht führbar gehört er als Schutz- und Fährtenhund zu den Gebrauchshunderassen. Kinder können dem wachsamen Beschützer von Haus und Hof jederzeit anvertraut werden. Der gute Läufer und Springer eignet sich nicht als Wohnungshund.

Leonberger

Gesamterscheinung: Großer, kräftiger, muskulöser und langhaariger Hund, der durch majestätische Schönheit und harmonisches Äußeres auffällt.

Als Wohnungshund ist der kräftige und große Hovawart (links) ungeeignet.

Ebenso verlangt der majestätische Leonberger (unten) nach einem genügend großen Grundstück.

Kopf: Mehr tief als breit. Mäßiger Stop. Nasenrücken gleichmäßig breit. Stirn ohne Falten. Lefzen straff anliegend, leicht gerundet. Nase schwarz. Scherengebiß. Augen mittelgroß und braun. Ohren ziemlich hoch angesetzt, mittelgroß, schön gerundet und herabhängend.

Hals: Mittellang, Nacken leicht gewölbt, gut bemuskelt.

Rumpf: Rücken stramm und völlig gerade. Nierenpartie kräftig, Kruppe leicht abfallend. Brustkorb tief, jedoch nicht zu tonnenförmig.

Gliedmaßen: Vorderläufe gerade und nicht zu eng gestellt, stark befedert. Hinterläufe kräftig bemuskelt. Sprunggelenke gut gewinkelt und fest. Geschlossene Katzenpfoten. Insgesamt nicht zu hochbeinig.

Rute: Reichlich behaart, stets hängend getragen.

Haar: Lang, mäßig weich bis leicht rauh, anliegend oder etwas abstehend, glatt oder gewellt, jedoch nicht gelockt, am Hals und an der Brust insgesamt etwas länger, an den Läufen Federn.

Farbe: Hell- bis Löwengelb oder Rotbraun, mit schwarzer Maske.

Größe und Gewicht: 72 bis 80 cm für Rüden, Hündinnen 64 bis 74 cm. Gewicht o.A.

Herkunft: Der Leonberger entstand in den dreißiger Jahren des vorigen Jahr-

hunderts durch eine Kreuzung des Bernhardiners und des Landseers. Durch diese Zuchtexperimente sollte versucht werden, den Wappenlöwen der Stadt Leonberg in Hundegestalt nachzuzüchten.
Charakter und Eignung: Vom Landseer übernahm der Leonberger die Freude am Schwimmen, während seine Gutmütigkeit und Zuverlässigkeit vom Bernhardiner herrühren mögen. Der Leonberger läßt sich leicht lenken, er ist auch ein guter Apportierer. Seine imposante Erscheinung ist gepaart mit einem ruhigen Temperament. Mit großer Anhänglichkeit begegnet er seiner Familie, während er Fremden eher ablehnend gegenübertritt.

Pudel

Gesamterscheinung: Harmonisch gebauter, fast quadratischer Hund mit charakteristischem, lockigem oder geschnürtem Haarkleid, das meist durch Schur seine typische Form erhält. Nach der Größe werden die drei Arten Großpudel, Klein- und Zwergpudel unterschieden.
Kopf: Ausdrucksvoll, mit geraden Linien, stark ausgebildetem Hinterhauptbein, breiter Stirn und wenig ausgeprägtem Stop. Nase ausdrucksvoll, gut entwickelt, von der Seite gesehen senkrecht, schwarz, bei braunen Hunden braun. Nasenrücken gerade, fast so lang wie der Schädel. Beide Seiten des Unterkiefers verlaufen fast parallel. Lefzen trocken, untere straff, obere aufliegend, nicht überhängend, schwarz, bei braunen Hunden pigmentiert wie die Haut. Scherengebiß. Augen ausdrucksvoll, in Höhe des Stops mäßig schräg eingesetzt, bei schwarzen und weißen Hunden schwarz oder dunkelbraun, bei braunen dunkelbernsteinfarben. Ohren ziemlich lang, flach, schmal am Ansatz, dann breiter werdend, unten gerundet, entlang der Schläfen herabhängend, wellig behaart.
Hals: Mittellang, trocken, recht kräftig, Nacken leicht gebogen, Kopf hoch getragen.
Rumpf: Rückenlänge entspricht der Höhe im Widerrist. Rücken gerade, kurz. Lenden kräftig und muskulös. Kruppe abgerundet. Brustbein vorn etwas herausragend und verhältnismäßig hoch. Brustbreite in Höhe der Ellbogen etwa zwei Drittel der Brusttiefe entsprechend. Rippen oval, in der Rückenpartie breit. Bauch und Flanken sind gut aufgezogen.
Gliedmaßen: Schulterblätter der Vorderläufe schräg, leicht bemuskelt, mit den Läufen nahezu einen rechten Winkel bildend. Vorderläufe völlig gerade und parallel stehend, elegant, muskulös, starkknochig. Keulen der Hinterläufe muskulös, stark entwickelt. Hinterläufe kräftig, gut ausgebildet, parallel stehend. Pfoten klein, geschlossen, oval, Zehen gut gewölbt, kräftig, mit Schwimmhaut.
Rute: Hoch angesetzt, meist bis zur Hälfte kupiert, schräg aufwärts getragen.
Haar: Bei den kraushaarigen Pudeln reich, sehr dicht, drahtig und wellig, einheitlich lang, elastisch und auf Druck Widerstand leistend. Typische Form entsteht durch die Schur (klassische ist Löwenschur oder moderne Schur). Haarkleid der Schnürpudel

Pudel gibt es in drei Größen und verschiedenen Farben. Hier zeigt sich ein silbergrauer Zwergpudel.

reich, fein, wellig und anliegend. Die Schnüre entstehen durch abgestorbene Haare, die nicht ausgekämmt werden und mit den neuen Haaren verwachsen. Sie sollen mindestens 20 cm betragen.
Farbe: Schwarz, Braun, Weiß, Silbergrau, Apricot.
Größe und Gewicht: Großpudel (Königspudel) 46 bis 60 cm, Kleinpudel 35 bis 45 cm, Zwergpudel bis zu 35 cm. Gewicht o.A.
Herkunft: Der Pudel ging aus Kreuzungen zwischen zotthaarigen Schäferhunden und Bracken hervor. Vor über 200 Jahren wurde in verschiedenen europäischen Ländern mit der Veredlung der Pudelrasse begonnen. Frankreich gilt als das Ursprungsland des Pudels.
Charakter und Eignung: Während der Pudel ursprünglich als Jagdgebrauchshund Verwendung fand, wird er heute ausschließlich als aufgeweckter und unterhaltsamer Gefährte gehalten. Er ist sehr sauber und haart kaum, was wohl mit zu seiner Beliebtheit als ausgezeichneter Begleit- und Familienhund beigetragen hat. Der aufmerksame Pudel ist äußerst gelehrig, infolge seines lebhaften und temperamentvollen Wesens verlangt er nach viel Bewegung.

Rottweiler

Gesamterscheinung: Großer, stämmiger, kräftiger Schutz- und Diensthund mit Hängeohren und meist kupierter Stummelrute.
Kopf: Schädel mittellang, zwischen den Ohren breit. Stop ausgeprägt. Hinterhaupt deutlich entwickelt. Lefzen

schwarz. Nase ebenfalls schwarz. Augen mittelgroß, tief dunkelbraun. Ohren klein, dreieckig, hoch angesetzt und weit auseinander stehend. Scherengebiß.

Hals: Kräftig, rund und breit, sehr muskulös, möglichst trocken.

Rumpf: Brust geräumig, breit und tief, eher rund. Rücken gerade und fest. Kruppe mittellang und breit, keinesfalls stark abfallend.

Gliedmaßen: Vorderläufe gerade, nicht zu schmal gestellt. Hinterläufe mit gut gewinkelten, keinesfalls steilen Sprunggelenken. Pfoten rund und geschlossen, an den Hinterläufen etwas länger als an den Vorderläufen.

Rute: Kurz, hoch angesetzt und ziemlich kräftig. Lange Ruten werden kupiert.

Haar: Mittellang, hart, rauh und gerade, dicht anliegend, Unterwolle nicht zu reichlich, darf auf keinen Fall aus dem Deckhaar hervortreten.

Farbe: Schwarz mit scharf abgesetzten rotbraunen Abzeichen.

Größe und Gewicht: Rüde 60 bis 68 cm, Hündin 55 bis 63 cm. Gewicht o.A.

Herkunft: Die Vorfahren des Rottweilers waren vermutlich römische Treibhunde, Brabanter Bullenbeißer und bodenständige Hütehunde.

Charakter und Eignung: Ursprünglich fand der Rottweiler als reiner Hütehund und Viehtreiber Verwendung. 1910 erfolgte nach einer Herauszüchtung anderer Eigenschaften die Anerkennung als Diensthunderasse. Auch als Fährten- und Blindenhunde machten sich Rottweiler beliebt. Seinem Herrn gegenüber verhält sich der Rottweiler sehr anhänglich, Fremden hingegen begegnet er ablehnend. Besitzer von Rottweilern (benannt nach der Zuchthochburg Rottweil am Neckar) loben diese als ruhig, wachsam, treu, sehr leicht lernend, unerschrocken, ausdauernd, nervenfest und zäh. Die Erziehung erfordert viel

Durch seine Treue, Ausdauer und Unerschrockenheit hat der Rottweiler (links) sich die Anerkennung als Diensthundrasse verdient. Zunehmender Beliebtheit erfreut sich die Schnauzerrasse. Selbst dieser pfeffer-salzfarbige Zwergschnauzer (rechts) läßt schneidiges Temperament ahnen.

Feingefühl. Eine Haltung des Rottweilers sollte zweckmäßigerweise im Zwinger erfolgen, da die Wohnung für den wuchtigen Hund nicht so gut geeignet ist.

Riesenschnauzer

Gesamterscheinung: Großer, rauhhaariger Hund, dessen Kopf mit den buschigen Augenbrauen und dem kräftigen Schnauzbart besonders auffällt. Insgesamt wirkt er kantig und nahezu quadratisch.
Kopf: Aufrecht, gewaltig, Kopflinie gerade, mit deutlichem Stop. Nase schwammartig und schwarz. Kräftiges Scherengebiß. Augen oval und dunkel, von den stark ausgebildeten Brauen überschattet. Ohren kupiert, hoch angesetzt, aufrecht stehend.
Hals: Trocken, breit angesetzt, mäßig lang. Kräftiger, gewölbter Nacken.
Rumpf: Breite, bis zu den Ellbogen reichende Brust. Lenden kurz und kräftig. Bauch leicht aufgezogen. Rücken kurz, gerade und kräftig. Kruppe leicht abfallend.
Gliedmaßen: Vorderläufe mit festem Stand, Schulterblätter schräg gestellt, flach bemuskelt. Schultern gut gewinkelt, Oberarm senkrecht und ganz gerade. Hinterläufe gut gewinkelt, kräftig. Katzenpfoten.
Rute: Hoch angesetzt, in der Regel auf zwei bis drei Glieder kupiert.
Haar: Drahtig, hart und dicht, großer Schnauzbart und dichte Augenbrauen.
Farbe: Schwarz ohne Abzeichen oder Pfeffer- und Salz. Zwergschnauzer außerdem in Schwarz-silber und Weiß.
Größe und Gewicht: Rüde 60 bis 70 cm, Hündin 60 bis 65 cm. Gewicht 30 bis 35 kg. **Zwergschnauzer:** Größe 30 bis 35 cm, Gewicht 5 bis 6 kg. **Mittelschnauzer:** Größe 45 bis 50 cm bei einem Gewicht von 15–17 kg.

Herkunft: Schnauzer gehören der Gruppe der Pinscher an, mit denen sie hinsichtlich ihres Wesens und Charakters sowie auch von der Abstammung her, die auf die sogenannten Torfhunde der Pfahlbauzeit zurückgeführt wird, Identität verbindet. In jüngerer Zeit sollen Kreuzungen mit Spitz, Terrier und Bulldogge das eigentliche Erscheinungsbild des Schnauzers, das dem heutigen durchaus ähnelnd bereits 1836 auf Abbildungen zu sehen ist, geprägt haben.

Charakter und Eignung: Alle drei Schnauzerarten sind außerordentlich wachsam, anhänglich und treu zum Herrn und dessen Familie, insbesondere auch freundlich zu Kindern, hingegen mißtrauisch gegen Fremde. Der Riesenschnauzer zählt dank seiner Gelehrigkeit und seines Mutes zu den anerkannten Diensthunden, er wird aber auch als guter Begleithund geschätzt. Eine ausschließliche Wohnungshaltung verbietet sich schon von der Größe des Hundes her. Wie alle Schnauzer verlangt auch der Riesenschnauzer nach viel Betätigung. Mittel- und Zwergschnauzer verbindet eine große Spiellust. Typisches Wesensmerkmal ist ihr schneidiges Temperament. Wie alle Verwandten innerhalb der Pinscher-Schnauzer-Familie gelten gerade die kleinen Schläge als außerordentlich raubzeugscharf, woraus auch die landläufige Bezeichnung »Rattler« resultiert. Schnauzer werden getrimmt, wobei der schöne Schnauzbart nicht abgenommen werden darf.

Irish Setter

Gesamterscheinung: Ein elegant und kraftvoll aussehender Hund, dessen leuchtend kastanienrotes Fell ihn unverwechselbar macht.

Kopf: Langgestreckt, aber nicht spitz,

Als ursprünglicher Jagdhund verlangt der Irish Setter nach viel Bewegung und einem entsprechend großen Grundstück als Auslauf.

trocken. Schädel zwischen den Ohren oval und wohlgerundet. Augenbrauen hochgezogen, so daß sich der Stop deutlich abzeichnet. Hinterhauptbein gut sichtbar. Fang mäßig tief, am vorderen Ende fast viereckig. Nase weit geöffnet, sehr dunkel mahagoni- oder walnußfarben oder schwarz. Augen ebenfalls sehr dunkelhaselnußfarben oder dunkelbraun. Ohren mäßig lang, fein befedert, tief angesetzt und in einer Falte dicht und weit hinten am Kopf anliegend.
Hals: Mäßig lang, sehr bemuskelt, aber nicht zu kräftig, ohne Wamme.
Rumpf: Ausgeglichenes Verhältnis der einzelnen Körperteile zueinander. Rükken lang, kräftig, zur Kruppe leicht abfallend. Lendenpartie leicht gewölbt. Brust von vorne gesehen schmal, aber sehr tief herabgezogen. Rippen gut gewölbt.
Gliedmaßen: Vorderläufe gerade und sehnig mit kräftigen Knochen und tief hinabreichenden Ellbogen. Hinterläufe breit, zwischen Hüften und Sprunggelenken lang und muskulös. Knie- und Sprunggelenke gut gewinkelt. Pfoten klein, geschlossen.
Rute: Mäßig lang, tief und kräftig angesetzt, in Höhe der Rückenlinie oder etwas niedriger getragen, mit langer Fahne.
Haar: Am Kopf und an der Vorderseite der Läufe kurz und fein, an allen anderen Körperteilen mittellang und glatt, auf den Behängen lang und seidig. Rückseiten der Läufe und Rute lang und fein befedert, insgesamt möglichst gut anliegend.
Farbe: Sattes Kastanienrot, ohne Spur von Schwarz, ein kleiner weißer Fleck an der Brust, am Hals oder an den Zehen ist gestattet.
Größe und Gewicht: Rüde 61 bis 65 cm, Hündin 56 bis 61 cm, 25 bis 30 kg.
Herkunft: Wie auch die beiden anderen Setter-Varietäten (Gordon und English Setter) ist auch der Irish Setter aus dem Springer Spaniel unter Einkreuzung des spanischen Pointers entstanden.
Charakter und Eignung: Der Irish Setter gilt als intelligent, treu, fröhlich, sanft und anhänglich. Seinen Einsatz als Jagdhund kann er bei jeglicher Jagdarbeit erfahren. Hervorzuheben sind sein ausgezeichneter Geruchsinn, das zuverlässige Vorstehen und seine Wasserfreudigkeit. Setter sollten nur bei Vorhandensein eines genügend großen Grundstücks oder Gartens in der Wohnung gehalten werden.

Yorkshire Terrier

Gesamterscheinung: Der kleinste Terrier, der ein vorwiegend stahlblaues, langes, reiches Haarkleid besitzt, das auf dem Rücken gescheitelt ist. Kleine Stehohren und die kupierte Rute ragen aus der Haarfülle.
Kopf: Klein und flach, auf keinen Fall rund oder stark ausgeformt. Kurzer Fang. Tiefschwarze Nase. Augen mittelgroß und dunkel, nahe beieinander eingesetzt. Ohren klein, V-förmig, Stehohren oder halb aufgerichtet, mit kurzer, sattbrauner Behaarung. Am Oberkopf und am Kinn lange Behaarung.
Hals: Kurz, nicht sehr kräftig.
Rumpf: Kompakt und sehr gerade, mit gut geformter Lendenpartie, nicht sehr lang.

Sein fröhliches und keckes Wesen und wohl auch seine Kleinheit haben dem Yorkshire Terrier in Deutschland zu großer Beliebtheit verholfen.

Gliedmaßen: Völlig gerade, sehr üppig mit satt lohfarbenem Haar bedeckt. Pfoten rund.
Rute: Auf halbe Länge kupiert, reichlich behaart, etwas höher als die Rükkenlinie getragen.
Haar: Mittellang, gerade und glänzend, zart und fein.
Farbe: Vom Hinterhauptbein bis zum Rutenansatz dunkel stahlblau (keinesfalls mit hellbraunen, bronzefarbenen oder dunklen Haaren vermischt). An Kopf, Brust und Läufen lohfarben.
Größe und Gewicht: Bis 22 cm, etwa 3,1 kg.
Herkunft: Skye Terrier, Malteser, Dandie Dinmont und Manchester Terrier werden als Mitbegründer des Yorkshire Terriers vermutet. Sicher ist nur das erste Auftreten der Rasse in der Grafschaft Yorkshire, die dem Hund zu seinem Namen verhalf.
Charakter und Eignung: Der sehr lebhafte, wachsame und furchtlose Yorkshire Terrier hat ein freundliches, liebevolles Naturell. Trotz seiner Kleinheit zeichnet ihn großes Selbstbewußtsein aus, was er u. U. auch in einem Angriff auf einen Hund bedeutender Größe kundtun kann. Der Yorkshire Terrier ist beachtenswert zäh, weshalb er nicht als Schoßhündchen verzärtelt werden sollte. Sein Haarkleid bedarf sorgfältiger Pflege.

Überlegungen vor der Anschaffung

Welcher Hund ist für mich geeignet?

Beinahe so wichtig wie der richtige Partner in einer gut funktionierenden Ehe ist die Wahl des geeigneten Hundes für den angehenden Hundehalter. Auch das Verhältnis zwischen Mensch und Hund soll schließlich über viele Jahre währen. Das wird es auch bei sorgfältiger Auswahl und wenn der Hund nicht nur seiner treuen braunen Augen wegen gekauft wird.

Bei der Anschaffung eines Hundes hat man meist den späteren Verwendungszweck im Auge. Darüber bestehen bei den meisten Hundekäufern keine Unklarheiten; vielmehr herrschen ganz bestimmte Vorstellungen hinsichtlich dessen vor, was der Hund – wenn er erst einmal ausgewachsen ist – für einen Aufgabenbereich zu übernehmen hat.

Zwar treten innerhalb einer Rasse Individualunterschiede auf in der Weise, daß einzelne Hunde nicht von vornherein für eine bestimmte Aufgabe prädestiniert erscheinen, im allgemeinen sind die Vertreter einer Rassengruppe jedoch weitgehend homogen in bezug auf ihr eigene Wesensmerkmale, und das kommt der Entscheidung für den Hund einer bestimmten Rasse doch sehr entgegen. Aber auch mit sich selbst muß ins Gericht gegangen werden bezüglich eigener Charakterschwächen und Fehler.

Wer nervös ist und sich leicht aufregt, sollte beispielsweise nicht erwägen, den Vertreter einer als äußerst lebhaft bekannten Rasse anzuschaffen. Dagegen wirkt ein sanftmütiger, vielleicht sogar etwas phlegmatischer Hund auch auf ein nervöses Herrchen beruhigend.

Gerade nervenstarke Hunde bedürfen einer Führungshand, die ihnen ständig beweist, daß der Herr der Ranghöhere und somit der Rudelführer ist.

Ängstliche Hundegemüter müssen mit besonders viel Geduld behandelt werden, abgesehen davon, daß man einen solchen Hund gar nicht erst kaufen sollte.

Unsinnig ist auch der Erwerb eines Hundes mit einem Gardemaß von über 70 cm Widerristhöhe, wenn nur eine 1-Zimmer-Wohnung zur Verfügung steht.

Jagdhunde sind nur für den Jäger von Nutzen und ausgesprochen betätigungsfreudige Hunde eignen sich wenig für einen Gehbehinderten.

Hunderassen, die zum Schutzdienst prädestiniert sind, sollten auch Aufgaben in dieser Richtung erfüllen.

Viel Zeitaufwand erfordern Hunde mit einem großen Bewegungsdrang. Können sie diesem nicht in ausreichendem Maße nachkommen, so reagieren sie sich in anderer Weise ab, was dem Hundebesitzer sicher nicht zur Freude gereicht.

Auch das Pflegebedürfnis eines langhaarigen Hundes ist zu beachten und für ein Mehrfamilienhaus eignet sich eine bellfreudige Rasse weniger.

Ebenso ist das Alter des anzuschaffenden Hundes wichtig im Hinblick auf festes Verhaltensinventar, so spielt insbesondere das Problem der Stubenreinheit bei einem Welpen oder Junghund eine große Rolle. Ganz entscheidend bei der Anschaffung eines Hundes ist natürlich die Frage nach den räumlichen Gegebenheiten. Für eine knapp an Raum bemessene Wohnung eignet sich nun einmal eine kleine, möglichst ruhige Rasse eher als ein Riesenhund mit ebensolchen Platzansprüchen.

Welche Eigenschaften sind nun bei einem Hund, dem ein bestimmter Verwendungszweck zugedacht ist, erwünscht oder unerwünscht, und was erwartet man grundsätzlich von ihm.

Da wäre als erstes der **Familienhund**. Er soll auch unter den heutigen Wohn- und Lebensbedingungen bei großer Bevölkerungs- und Verkehrsdichte vor allem in der Stadt auch unter starker Lärmentwicklung ein angenehmer Gefährte sein, den man problemlos überallhin mitnehmen kann. Erwünscht sind mittleres Temperament, Wesenssicherheit, vorab in friedlichen Situationen, gegenüber fremden Menschen und im Verkehr, gute Führigkeit, mittlere Härte, enge Bindung an seinen Herrn, Schußfestigkeit; unter Umständen erwünscht sind Spieltrieb, Apportier- und Wachtrieb. Als unerwünscht gelten Ängstlichkeit, Scheuheit, übersteigertes Mißtrauen, Kampftrieb, Schärfe, Jagdtrieb.

Von dem **Begleithund**, der seinen Herrn als angenehmer und folgsamer Gefährte auf seinen Aus- und Spaziergängen begleitet, erwartet man die gleichen Eigenschaften wie beim Familienhund, erwünscht sind zusätzlich noch der Apportiertrieb und der Spürtrieb. Unter Umständen erwünscht sind der Spiel-, Wach- und Schutztrieb, unerwünscht hingegen Ängstlichkeit, Scheuheit, übersteigertes Mißtrauen, Kampftrieb, Schärfe und Jagdtrieb.

Häufig wird ein Hund zur Bewachung des eigenen Hauses angeschafft. Der **Wachhund** muß sich denn auch vor allem anderen durch Wachsamkeit auszeichnen. Wenn er aber nicht nur als alarmierender Wächter sondern vielmehr als wehrhafter Wächter Einsatz findet, muß er auch durch Kampfgeist

Man könnte ihn als einen Hund für gestreßte Nerven bezeichnen, den aus England kommenden, gutmütigen Basset-Hound (links). Als ein unerschrockener Wächter zeigt sich dieser Rottweiler (rechts) in »Verteidigungs-Pose«.

und Schutzbereitschaft hervorstechen. Der alarmierende Wächter soll mittleres Temperament, ausgeprägtes Mißtrauen, ausgeprägten Wachtrieb, enge Bindung an Herrn und Heimbezirk, mittlere Härte und Schußfestigkeit haben. Unter Umständen sind Kampftrieb, gewisse Schärfe, Führigkeit und Stöbertrieb erwünscht. Unerwünscht sind extreme Ängstlichkeit und Scheuheit, Apportiertrieb und Jagdtrieb.

Von dem verteidigenden Wächter werden ruhiges bis mittleres Temperament, Wachtrieb, Wesenssicherheit, Unerschrockenheit und Furchtlosigkeit, kombiniert mit erwünschter Schärfe, Kampftrieb, Schutztrieb, Härte, enge Bindung an Herrn und Heimbezirk, Schußfestigkeit und Stöbertrieb erwartet. Nicht erwünscht sind Ängstlichkeit, Scheuheit, Jagdtrieb und Apportiertrieb.

Der **Schutzhund**, der seinen Herrn gegen einen Angreifer beschützt und verteidigt, Gegenstände oder einen Häftling bewacht, ein Gelände nach Gegenständen oder Personen absucht und Menschenfährten ausarbeitet, soll mittleres Temperament, Wesenssicherheit, Unerschrockenheit, Furchtlosigkeit, kombiniert mit einem gewissen Grad erwünschter Schärfe, ausgeprägten Kampf- und Schutztrieb, Härte, Apportiertrieb, ausgeprägten Spür- und Stöbertrieb, Ausdauer, gute Führigkeit, gute Assoziations- und Kombinationsbegabung, enge Bindung an seinen Herrn und Schußfestigkeit besitzen. Unter Umständen ist der Wachtrieb noch erwünscht. Beim Schutzhund unerwünscht sind Ängstlichkeit, Scheuheit, Weichheit, Jagdtrieb und geringe Bindung an seinen Herrn.
Das sind wohl die häufigsten Verwendungsarten für einen Hund. Erwähnt werden sollen aber auch die vielleicht etwas ungewöhnlicheren Aufgaben.

Ein **Sanitätshund** hat die Aufgabe,

ein bestimmtes Gelände nach Verwundeten abzusuchen, sie dem Führer durch Apportieren des Bringsels zu melden und den Führer auf kürzestem Wege zum gefundenen Verwundeten zu führen. Bei ihm sind mittleres Temperament, Ausdauer, Stöbertrieb, Apportiertrieb, Wesenssicherheit, Furchtlosigkeit, gute Führigkeit, gewisse Härte, Schußfestigkeit, enge Bindung an seinen Herrn, gute Assoziations- und Kombinationsbegabung die erwünschten Eigenschaften. Der Spürtrieb ist unter Umständen erwünscht. Kampftrieb, Ängstlichkeit, Scheuheit, Jagdtrieb, geringe Bindung an seinen Herrn und Schärfe sind hingegen unerwünscht.

Der **Lawinenhund** findet bei der Lawinensuche seinen Einsatz. Er muß durch Lawinen Verschüttete auffinden. Von ihm werden mittleres Temperament, Ausdauer, gute Führigkeit, Wesenssicherheit, vorab in friedlicher Situation, Spür- und Stöbertrieb, Schußfestigkeit, enge Bindung an seinen Herrn, gute Assoziations- und Kombinationsbegabung erwünscht. Ängstlichkeit, Scheuheit, Kampftrieb, Jagdtrieb, Schärfe, geringe Bindung an seinen Herrn sind unerwünscht, Schutz- und Wachtrieb unnötig.

Eine besonders schwierige Aufgabe wird dem **Blindenführhund** zuteil. Er muß den Blinden an Hindernissen vorbeiführen und durch den Verkehr der Straßen geleiten. An die Wesensveranlagung und die höheren psychischen Fähigkeiten des Blindenführhundes werden Höchstanforderungen gestellt. Man erwartet ein ruhiges bis mittleres Temperament, Wesenssicherheit in friedlicher Situation, gute Führigkeit, Ausdauer, gute Assoziations- und Kombinationsbegabung, Apportiertrieb, enge Bindung an seinen Herrn, mittlere Härte, Schußfestigkeit. Ängstlichkeit, Scheuheit, Kampftrieb, Schärfe, Jagdtrieb, geringe Bindung an seinen Herrn,

Auch heutzutage erfüllt der Hütehund noch zuverlässig seine Pflicht (links). Angesichts dieses Mischlings (Schnauzer-Pudel-Spitz) ist die Entscheidung für einen Mischlingshund unschwer zu treffen.

ausgesprochene Weichheit sind unerwünschte Eigenschaften.

Wenn auch heutzutage die Aufgaben des **Hütehundes** nicht mehr so vielseitig sind wie in früheren Zeiten und vor allem die Beschützung und Verteidigung der Herde gegen räuberische Angriffe nicht im Vordergrund steht, so wird doch noch immer anläßlich eines Leistungshütens eine Angriffs- und Verteidigungsbereitschaft von dem Hütehund erwartet. Ihn stellt man sich vor mit mittlerem bis hohem Maß von Temperament, Ausdauer, Wesenssicherheit und Unerschrockenheit, Schußfestigkeit, gute Führigkeit, ausgeprägtem Hüte- und Treibtrieb, enger Bindung an Herrn und Herde, Härte, guter Assoziations-und Kombinationsbegabung. Unerwünscht sind hingegen Ängstlichkeit, Scheuheit, Weichheit, Schärfe und Jagdtrieb. Unter Umständen sind der Spür- und Stöbertrieb, Apportiertrieb, Schutz- und Kampftrieb erwünscht.

Während z.B. in Rußland Windhunde noch als **Hetzhunde** bei der Jagd Verwendung finden, kommen hierzulande die schnellen Hunde nur noch im Windhundrennsport zum Einsatz. Dabei jagt der Windhund die Ersatzbeute stumm und mit Hilfe des Gesichtssinnes. Beim Windhund werden viel Temperament, Ausdauer, Schnelligkeit, Jagdtrieb, Wesenssicherheit in friedlicher Situation und unter Umständen Führigkeit, Schußfestigkeit und Apportiertrieb erwünscht. Unerwünscht sind hingegen Scheuheit, Ängstlichkeit, Weichheit, Kampftrieb und Schärfe. Spür-, Stöber- und Schutztrieb sind unnötig.

Bei der großen Gruppe der **Jagdhunde** gehören neben der rassentypischen jagdlichen Trieb- und Instinktveranlagung Wesenssicherheit in friedlicher Situation, gegenüber fremden Menschen und im Verkehr, gute Führigkeit, mittlere Härte, enge Bindung an seinen Herrn

Das dichte Langhaar mit reicher Überwolle ist typisch für den Neufundländer. So ergibt sich ein wasserdichtes Fell.

und Schußfestigkeit zu den erwünschten Wesenseigenschaften. Zu den unerwünschten Wesenseigenschaften zählen Ängstlichkeit, Scheuheit, übersteigertes Mißtrauen, unerwünschte Schärfe, Nervosität, Schußscheuheit.

Nun wird der angehende Hundehalter auf Befragen bei dem Züchter einer Rasse nach den zu erwartenden Eigenschaften eines Hundes keine Garantie mitbekommen, daß der auserwählte Hund beispielsweise später eine Schutzhundprüfung mit Glanz und Bravour absolviert. Solche Voraussagen vermag niemand zu treffen; sie können nur auf Grund der Abstammung und der Fähigkeiten, die die Eltern des Hundes aufweisen, angenommen werden.

Rassehund oder Mischling?

Das ist eine Frage, die nicht ohne weiteres beantwortet werden kann und das Für und Wider bedarf jeweils genauerer Betrachtung.

Die Tatsache, daß es zahlenmäßig weit mehr Rassehunde gibt als Mischlinge (um das wenig schöne Wort Bastard zu vermeiden), scheint auf den ersten Blick doch eher für den Erwerb eines rassereinen, registrierten Tieres zu sprechen. Einige wichtige Punkte stehen dafür.

Da ist zum ersten die Abstammung. Vater und Mutter, und meist weitere Generationen des Welpen aus der Rassezucht sind bekannt und lassen Schlüsse auf die Entwicklung des Nachkommen sowohl in anatomischer als auch in wesensmäßiger Richtung zu. Anders beim Mischling: Außer der Mutter kennt man hier meist keinen der Beteiligten und mehrere Väter eines Wurfes sind keine Seltenheit. So kann auch niemand vorhersagen, wie die Jungen einmal aussehen, vom Wesen ganz zu schweigen. Sicher, Mischlingswelpen sehen oft entzückend aus, das ist dann aber auch schon alles und Prognosen für die weitere Entwicklung lassen sich nicht treffen – vor allem auch von der Größe her weiß man nie, ob aus dem winzigen niedlichen Welpen nicht eines Tages ein Riesenhund hervorgeht.

Ein wichtiger Punkt ist auch folgender. Zugegeben, auch einem Mischlingshund kann man alle Liebe, deren man fähig ist, zuteil werden lassen. Eines aber kann man mit ihm nicht, ihn nämlich auf Hundeausstellungen präsentieren. Das ist ganz wesentlich, denn welche Besitzerbrust schwillt nicht beim Erhalt einer guten Ausstellungsnote stolz an? Auf solcherart Lorbeeren muß beim Mischlingshund von vornherein verzichtet werden. Zu oft wanderte ein solcher Hund schon in das Tierheim, weil die Besitzer doch plötzlich lieber einen Rassehund besitzen und vielleicht auch mit ihm züchten wollten.

Im Moment verlockt der niedrige Anschaffungspreis, einen nicht in ein Zuchtbuch eingetragenen Welpen zu erstehen. Die Unterhaltungskosten für ihn sind aber gleich hoch wie für einen Rassehund und es sollten vor dem Kauf genaue Überlegungen angestellt werden, was man mit dem Hund vorhat.

Wenn nur ein guter Kamerad gesucht wird ohne Rücksicht auf das Aussehen, dann mag durchaus auch ein Mischling in Frage kommen. Es ist aber zumindest

der Versuch zu unternehmen, genaue Fakten über die Eltern zu eruieren, um späteren Enttäuschungen weitgehend vorzubeugen.

Das gleiche gilt für Hunde aus dem Tierheim. Hier handelt es sich zwar oft um Rassetiere, aber aus verständlichen Gründen erhält der neue Besitzer die Abstammungspapiere meistens nicht ausgehändigt. Damit will man unterbinden, daß Hunde aus dem Tierheim an Händler geraten, die nur Zuchtmaschinen suchen.

Größe, Fellart, Temperament

Der große Hund hat nicht nur einen größeren Platzbedarf, auch von der Haltung allgemein stellt er andere Anforderungen als ein kleiner Hund. Das benötigte Futter ist ein vielfaches Mehr und entsprechend höher sind die täglichen Kosten für die Nahrung. Mit dem Halten eines großen Hundes sind aber auch bestimmte körperliche Voraussetzungen des Halters selbst verknüpft. So sollten ältere und in ihrer Körperkraft eingeschränkte Personen sich lieber einer kleineren Rasse zuwenden, wenn sie nicht mehr imstande sind, die erforderliche Autorität dem Hund gegenüber obwalten zu lassen. Das muß bei einem kleinen Hund natürlich auch gewährleistet sein, aber es ist doch ein großer Unterschied, ob ein geschwächter Mensch einen kleinen Pudel ausführt oder einer riesigen Dogge ihr Minimum an Bewegung verschaffen muß. Gehorsam an der Leine gehen muß sowohl der kleine als auch der große Hund, aber bis es einmal so weit ist, erfordert der große Hund schon ein wenig Kraft.

Das ursprüngliche Hundehaar ist ein Stockhaar, das aus mittellangen, schlichten, nur leicht gekrümmten, derben Deckhaaren und dichter Unterwolle besteht. Solches Haar ist z.B. dem

Als sogenanntes Seidenhaar gilt das Haar des Maltesers, das entsprechend weiche Grannen aufweist.

Zotthaar, lange, zottige Strähnen, trägt der Bobtail, eine alte englische Schäferhundrasse.

Deutschen Schäferhund eigen. Es wird unterschieden zwischen kurzstockhaarigen Tieren mit dichtliegenden 3–4 cm langen Grannen und spärlicher Unterwolle und langstockhaarigen mit 5–10 cm langen, schlichten oder leicht gewellten Deckhaaren und reicher Unterwolle. Zwischen diesen beiden Arten treten viele Variationen auf.

Werden die Deckhaare durch die Wollhaare überwuchert, führt das zu dichtem und oft gestapeltem Haarfilz, wie er von manchen Hirtenhunden bekannt ist. Bei Verlängerung der Deckhaare entsteht aus dem Langstockhaar das dichte, schlichte oder leicht gewellte, fallende Langhaar mit reicher Überwolle wie bei dem Neufundländer. Bei dem Setter hingegen sind die langen Deckhaare bei Verlust der Unterwolle dünn und weich und sie fallen locker herunter. Das Haar des Maltesers, das entsprechend weiche Grannen aufweist, gilt als sogenanntes Seidenhaar. Die Spitze besitzen derbe und steif abstehende, lange Deckhaare. Verlängerung und Vermehrung der zarten Woll- und Grannenwollhaare führt bei gleichzeitiger Abnahme der Deckhaardichte zur Bildung des weichen Wellhaares, wie es der Barsoi besitzt. Infolge spiraliger Drehung des Haarschaftes entsteht das vom Pudel bekannte Kraushaar. Bei starker Kräuselung bilden sich spiralige Lockensträhnen als sogenannte Schnüre (Schnürpudel), bei geringerer Kräuselung und gröberer Behaarung treten lange, zottige Strähnen als Zotthaar wie beim Bobtail auf.

Die Deckhaare des luftigen oder offenen Haares stehen mehr oder weniger von der Oberfläche ab und sie überdekken sich schlicht dachziegelartig.

Die Spitzen des Rauh- oder Wirrhaares sind infolge verschiedener Wuchsrichtung oder wechselnder Krümmung nicht gleichgerichtet. Man unterscheidet zwischen langem, kurzem, hartem, weichem, zottigem und krausem Rauhhaar.

Eine Mischung aus Stock- und Wirrhaar bezeichnet man als Strupphaar, während hartes, rauhes, mittellanges Wirrhaar auch Stichelhaar heißt.

Der Drahthaar hat kurzes, hartes Stockhaar, wobei die längeren Rauhhaare vorwiegend am Kopf als Bart, Nasenbürste und Augenkranz wachsen.

Das Kurzhaar des Pinschers beispielsweise ist aus Kurzstockhaar durch Rückbildung der Unterwolle und Verkürzung der Deckhaare hervorgegangen. Die Bezeichnungen Kurz- und Glatthaar sind identisch, werden aber rassenunterschiedlich angewandt.

Aus all dem wird ersichtlich, daß bei den Überlegungen nach der anzuschaffenden Rasse nicht zuletzt auch die Fellart des Hundes eine entscheidende Rolle spielt, denn zweifellos ist ein langhaariger Hund pflegeintensiver als etwa ein kurzhaariger, der kaum Unterwolle hat und durch tägliches Bürsten leicht sauberzuhalten ist.

Ein ganz wichtiger Aspekt bei den Anschaffungsüberlegungen stellt sich in der Frage, ob der neue Hausgenosse von seinem Temperament her überhaupt zu dem Halter, der überwiegend mit ihm zu tun haben wird, paßt und ob er auch für alle übrigen Familienmitglieder geeignet erscheint.

Zwar spielen auch individuelle Abstammung und Lebensumstände eine gewisse Rolle, in erster Linie ist das Temperament aber rassebedingt. Kleinere Rassen sind meist temperamentvoller als die großen. Als bedächtiger gelten die doggenartigen Rassen. Dazu gehören der Bernhardiner, Neufundländer, Hovawarth, Leonberger, die Deutsche Dogge, Bordeaux-Dogge, der Deutsche Boxer, die Englische Bulldogge, Französische Bulldogge und der Mops. Ein fast phlegmatisches Wesen zeichnet die großen Hunde vom Molossertyp aus. Die kleineren Vertreter – vom Boxer abwärts – sind temperamentvollere Typen.

Die Hirtenhunde (Kuvasz, Komondor, Bergamasker), die den Doggenartigen nahe verwandt sein sollen, weisen ein lebhafteres Temperament auf.

Mit mittlerem Temperament ausgestattet sind der Berner Sennenhund, der Rottweiler, der Appenzeller und der Entlebucher Sennenhund als Treib- und Sennenhunde.

Unter den Hirten- und Sennenhunden machen u.a. die Schäferhundrassen Bobtail, Deutscher Schäferhund, Belgischer Schäferhund, Französischer Schäferhund, Schottischer Schäferhund, Sheltie, Puli und Pumi sowie der Welsh Corgi eine eigene Spezialgruppe aus. Ihnen ist ein mittleres Temperament eigen. Die Rassengruppe der Spitze (Wolfsspitz, großer Spitz, Schiperke, Zwergspitz) umfaßt durchwegs temperamentvolle Rassevertreter.

Fast alle Nordischen Hunde (Nordische Jagdhunde, Japanische Spitze, Nordische Hüterassen, Schlittenhunde: Siberian Husky, Samojede, Alaskan Malamute, Eskimohunde, Grönlandshund) sind ausgesprochen ruhig.

Die Vertreter der Pinscher-Schnauzer-Gruppe (Dobermann, Pinscher, Rehpinscher, Riesenschnauzer, Mittelschnauzer, Zwergschnauzer und Affenpinscher) zeichnen sich durch ihr großes Temperament aus.

Für die meisten Terrierrassen typisch ist ihr besonderes Temperament (Airedale Terrier, Bullterrier, Kerry Blue Terrier, Bedlington Terrier, Irish Terrier, Welsh Terrier, Deutscher Jagdterrier, Foxterrier als hochläufige Formen sowie Sealyham Terrier, Sky Terrier und Cairn Terrier als kurzläufige Formen). Für Menschen mit cholerischem Temperament empfehlen sie sich nicht. Es gibt aber auch weniger temperamentvolle Terrier-Rassen wie Welsh Terrier, Tibet Terrier, Yorkshire Terrier und besonders der Scottish Terrier kann als ruhiger, ausgeglichener Vertreter betrachtet werden.

Zu den temperamentvollen Rassen zählen die Spitze (links), für die auch die Ringelrute besonders charakteristisch ist. Wie man sieht, können sich auch Schäferhund und Dackel, zwei unterschiedliche Temperamente, gut vertragen. Der Deutsch Drahthaar (unten) ist ein vielseitiger und robuster Jagdhund.

Wie ihre nächsten Verwandten, die Schnauzer, zeichnen sich auch die Pinscher (links) durch großes Temperament aus. Ausgesprochen ruhig sind die Nordischen Hunde, hier ein typischer Schlittenhund, der Alaskan Malamute (unten).

Bei all seiner Wachsamkeit und Schärfe hat der Scottish Terrier dennoch ein ruhiges und ausgeglichenes Temperament.

Bracken, Schweißhunde und Laufhunde (z.B. Gebirgsschweißhund, Schweizer Laufhund und Deutsche Bracke, Dachsbracke, Niederlaufhund, Dachshunde; Englischer Bluthund, Hannoverscher Schweißhund, Bayrischer Gebirgsschweißhund; Hubertushund, Foxhound, Basset, Otterhund, Coonhound, Beagle, Schweizer-, Berner- und Jura-Laufhund) besitzen neben ihrer ausgeprägten Jagdpassion ein ruhiges Temperament.
Von ruhigem Temperament ist auch der Dalmatiner, der aber seine Jagdpassion weitgehend verloren hat. Ein anpassungsfähiges Wesen bei sehr verschiedenem Temperament kann den einzelnen Vertretern der Dackelrasse bescheinigt werden.

Bis auf die beiden sehr lebhaften, kleinen Vertreter Italienisches Windspiel und Whippet, wohnt den Windhunden (Barsoi, Pharaonenhund, Afghane, Irish Wolfshound, Scottish Deerhound, Greyhound) ein ruhiges Temperament inne.

Den Vorstehhunden (Pointer, Irish, English und Gordon Setter, Deutsches Kurzhaar, Drahthaar, Langhaar, Griffon, Weimaraner, Kleiner Münsterländer) wird ein meist ausgeglichenes Temperament attestiert, während die Stöber- und Apportierhundrassen (z.B. Golden Retriever, Deutscher Wachtel-

Zu den Spürhunden für Niederwild zählt die Österreichische Brake (Brandlbracke, links). Von respektgebietender Größe ist der Irish Wolfhound (unten), der sich daher auch als Hof- und Wachhund gut eignet. Auch der Whippet (rechts) zählt wie der Irish Wolfhound zu den Windhunden. Er bellt übrigens so gut wie nie.

hund, Springer Spaniel, King Charles Spaniel) mit etwas lebhafterem Temperament ausgestattet sind.

Der Cocker Spaniel macht sich mit seinem fröhlichen Wesen und lebhaften Temperament auch als Haushund beliebt.

Für die Pudel gilt, was für fast alle Rassen Gültigkeit hat: Je kleiner der Pudel, um so größer sein Temperament.

Was kostet ein Hund?

Die geforderten Preise für einen Rassehund sind sehr unterschiedlich und schwanken auch innerhalb einer Rasse von Züchter zu Züchter. Der Ausspruch »Die Nachfrage regelt den Preis« hat gewiß auch hier Gültigkeit. So können Züchter, die ihre Produkte mit Erfolg auf Ausstellungen vorführen und entsprechende Nachfragen zu verzeichnen haben, ihre Preisvorstellungen etwas höher ansetzen als der Gelegenheitszüchter, der gar keine Ausstellung besucht und unbekannt bleibt und demzufolge Mühe hat, seine Welpen an den Mann zu bringen.

Auch die Möglichkeit der Futterbeschaffung spielt beim Kauf des Hundes sicher eine Rolle. Wer an preiswertes Fleisch herankommt, kann das Endprodukt billiger anbieten. Gerade bei sehr großen Rassen schlägt der Kauf teuren Fleisches doch entscheidend zu Buche bei der Aufzucht.

Der Hundeinteressent soll vor dem Kauf die Preise bei verschiedenen Anbietern vergleichen, wobei er natürlich nicht davon ausgehen darf, daß der teuerste Hund nun auch der beste Hund ist.

Empfehlenswert ist auch das Einholen von diesbezüglichen Auskünften bei den zuständigen Rassehundzuchtvereinen, deren Anschriften in Hundefachzeitschriften zu finden sind.

Kosten für Futter, Schutzimpfungen, Hundesteuer, Haftpflicht

Aus dem oben Gesagten geht hervor, daß der »billige« Hund und auch der Rasselose die gleichen laufenden Kosten verursacht wie der für viel Geld erstandene Hund. Mit dem Anschaffungspreis sind die künftig anfallenden Kosten längst noch nicht geregelt. Die artgerechte Fütterung greift täglich das Budget an und je größer der Hund ist, um so höher werden natürlich die Futterkosten sein – ein Aspekt, dem vor Anschaffung eines Hundes gebührende Beachtung geschenkt werden muß, wie auch generell die Möglichkeit der Fleischbeschaffung vor dem Kauf der Klärung bedarf. Da der ausgewachsene Hund nicht mehr die Mengen frißt, die ein heranwachsender Junghund zu vertilgen imstande ist, steht deshalb die Welpenaufzucht bzw. -fütterung an Kostspieligkeit weit über der des erwachsenen Hundes.

Während die Kosten für die erste Schutzimpfung meist im Kaufpreis mitberücksichtigt sind, müssen diese für die notwendigen Wiederholungsimpfungen als jährlich wiederkehrend betrachtet werden. Zudem können Krankheiten des Hundes erhebliche Tierarztkosten verursachen.

Die Stadt- bzw. Gemeindeverwaltungen erheben vom Hundehalter eine Hundesteuer (Hundehalter ist derjenige, der den Hund hält, füttert und versorgt), deren Höhe die zuständigen Behörden festlegen und die von Ort zu Ort verschieden sein kann.

Halter von Dienst- und Wachhunden erhalten auf Antrag mancherorts eine Ermäßigung ebenso wie Züchter, die dafür allerdings den Nachweis erbringen müssen.

Der zweite gehaltene Hund wird im allgemeinen höher besteuert. Um nicht der Steuerhinterziehung bezichtigt zu werden, muß der Erwerb eines Hundes sogleich zur Meldung bei der Stadt- oder Gemeindeverwaltung kommen.

Auch die Kosten für eine Hundehalter-Haftpflichtversicherung sollten eingeplant werden. Nach § 833 des BGB ist der Hundehalter zum Schadenersatz verpflichtet, wenn sein Hund Personen verletzt oder Sachen beschädigt. Die Rechtsprechung im Schadensfall ist nicht immer einfach.

Eine Schadenshaftung, die einen unversicherten Hundehalter wirtschaftlich in große Not bringen kann, ist durch die Hundehalter-Haftpflichtversicherung abgedeckt.

Die erste Ausstattung

Mit dem Kauf eines Hundes wird die Anschaffung der sogenannten Erstausstattung (Halsband, Leine, Korb oder Kiste, Decke, Bürste, Kamm, Futter-und Wasserschüssel, evtl. Mantel gegen Regen und Kälte, Spielsachen, Kauknochen), die in allen Zoofachgeschäften oder Zooabteilungen der Kaufhäuser zu erhalten ist, notwendig.

Der beim Züchter abgeholte Welpe wird wohl noch kein Halsband besitzen. Ihm gilt die erste Anschaffung. Anfangs genügt für den kleinen Hund ein Lederhalsband und später – vor allem, wenn es sich um eine großwüchsige und

Zur Grundausstattung eines jeden Hundes gehört ein Lederhalsband (oben) und ein Karabinerhaken (Mitte), mit dem die Leine am Halsband eingeklinkt wird (unten).

starke Rasse handelt – bekommt er ein Kettenhalsband (siehe hierzu auch S. 111).

Da der Hund nicht überall frei laufen darf und auch noch nicht zuverlässig folgt, benötigt er eine Leine, die mit einem Karabinerhaken versehen ist und in den Ring des Halsbandes eingeklinkt wird. Um dem Hund ein größtmögliches Maß an Bewegungsfreiheit zu gewähren, empfiehlt sich der Erwerb einer überlangen Leine mit einem Auf- bzw. Abrollmechanismus. Als Dressurleine ist diese jedoch nicht geeignet.

Als Schlafstatt erhält der Welpe anfangs eine Holzkiste, die nur so hoch sein darf, daß er ohne Anstrengungen ein- und aussteigen kann. Anderenfalls muß die Kiste mit einem Ausschnitt versehen sein. Zum Hineinkuscheln – er würde sich sonst in der Kiste verloren vorkommen und möglicherweise auch frieren – legt man eine Wolldecke in die Kiste. Hunde lieben ihre Unterlage nicht glatt, sie bevorzugen mehr ein nestähnliches Lager. Der Kauf eines teuren Hundekörbchens sollte auf später verschoben werden, wenn das Nagebedürfnis des Hundes etwas nachgelassen hat. Die vorerwähnte Kiste erfüllt zudem voll und ganz ihren Zweck. Eine Kinderbettmatratze als Lager bedarf noch der Auflage einer zusätzlichen Wolldecke (s. Abb. Seite 74). Sie hat den Vorteil, daß man sie auf Reisen bequem mitnehmen kann und der Hund immer sein gewohntes Lager vorfindet. Alle für den Hund verwendeten Decken und evtl. Bezüge müssen aus gut waschbarem Material gefertigt sein.

Je eine stabile Futter- und Wasserschüssel sollen eine gute Standfestigkeit

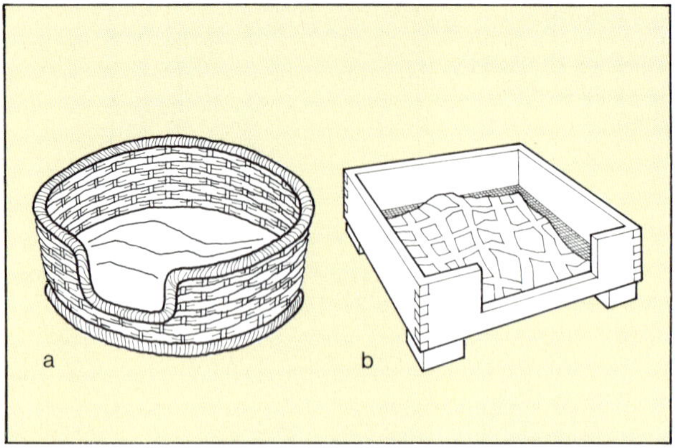

Als Schlafstatt dient (a) ein Körbchen oder (b) eine Holzkiste.

aufweisen, damit der Welpe sie nicht herumschleppen oder umwerfen kann.

Zur Pflege des Hundes ist eine Bürste unerläßlich. Die Beschaffenheit derselben richtet sich nach der Fellbeschaffenheit des Hundes (s. Kapitel Pflege). Langhaarige Rassen benötigen zudem noch einen breitzinkigen Stahl-Kamm.

Ein Mantel für den Hund (außen abwaschbar, innen mit Webpelz gefüttert) erspart weitgehend das Abfrottieren nach einem Spaziergang im Regen und schützt im Winter vor Kälte.

Der Welpe will spielen und nagen. Deshalb gehört zu seiner Ausstattung sachgemäßes Spielzeug. Geeignet sind Spielsachen aus Hartgummi. Quietschenden Mäuschen und Gummimännchen hingegen ist keine lange Lebensdauer beschieden. Spielzeug aus Plastik, das splittern und Verletzungen verursachen kann, darf dem Welpen nicht angeboten werden.

Vom Hund begehrt ist immer noch ein alter, ausgedienter Hausschuh. Allerdings wird ihm hierdurch nicht begreiflich, daß nun alle anderen Schuhe für ihn tabu sind.

Zum Nagen gibt es in Fachgeschäften Knochen und Gegenstände aus Büffelhaut, die der Hund auch verzehren kann, wenn er sie entsprechend aufgeweicht hat. Ein altbackener Brotkanten oder ein Hundekuchen erfüllen den gleichen Zweck.

Welche Zeit muß ich unbedingt für den Hund aufwenden?

Die Frage nach der aufzubringenden Zeit hängt nicht zuletzt von der Rasse ab. Ein Barsoi beispielsweise benötigt sehr viel Auslauf, während das Bewegungsbedürfnis eines Pekinesen nicht so ausgeprägt ist. Eine Rolle spielt auch, ob dem Hund ein Garten zur Verfügung steht, in dem er sich ausgiebig tummeln kann, oder ob die nötige Bewegung nur während der Spaziergänge gegeben ist. Ein Garten ersetzt aber nicht den täglichen, ausgiebigen Spaziergang mit Herrchen, denn der Hund muß auch über das eigene Terrain hinaus mit der Umwelt Konfrontation erfahren. Viel mehr noch ist dieses dem vorwiegend im Zwinger gehaltenen Hund zu ermöglichen. Eine Stunde täglich sollte für den Spaziergang mit dem Hund erübrigt werden. Hinzu kommt noch die Zeit für das Säubern der Füße und womöglich des Bauches bei regnerischem Wetter und die sofortige Reinigung mit

Oben: Eine Kinderbettmatratze mit Wolldeckenauflage als Lager. Unten: Zur Erstausstattung gehören die Hundeschüssel und ein Knochen aus Büffelhaut.

Seife, wenn der Hund im Winter in Streusalz getreten ist.

Für den Welpen ist zwar noch kein Zeitaufwand für Spaziergänge anzusetzen, dafür muß er aber mindestens viermal hinausgeführt werden zur Verrichtung seiner Notdurft. Bis zur Stubenreinheit heißt es jedoch, ständig auf dem Sprung zu sein und den Kleinen hinauszubringen, wann immer er Anstalten macht, sich niederzusetzen.

Die anfangs viermalige Fütterung des Welpen verlangt natürlich auch mehr Zeitaufwand, denn der ausgewachsene Hund wird nur noch ein- höchstens zweimal am Tag gefüttert.

Bei Verfütterung von Pansen, der noch geschnitten und evtl. gebrüht werden muß, kann pro Fütterung eine halbe Stunde vergehen. Fertigfutter ist weniger zeitaufwendig.

Wenigstens eine Viertelstunde ist für das tägliche Bürsten aufzubringen, bei Hunden mit dichtem Unterhaar und bei großen Rassen mehr.

Die Sauberhaltung des Lagers fordert den Hundehalter ebenfalls täglich, einerlei ob der Hund vorwiegend im Zwinger oder in der Wohnung untergebracht ist.

Die vom Hund benutzten Decken bedürfen einer wöchentlichen Wäsche.

Daraus wird ersichtlich, welches Minimum an Zeit aufgebracht werden muß, um den Hund ordentlich zu versorgen. Die Anschaffung eines Hundes erfordert in dieser Richtung sorgfältiges Abwägen.

Kauf

Wo? Wann?

Für den Kauf eines Welpen direkt beim Züchter spricht die Möglichkeit, den gesamten Wurf von Anfang an beobachten und sich den Wunschhund aussuchen zu können. Auch kann in der Zuchtstätte die Mutterhündin angesehen werden, was wiederum Schlüsse auf den zu erwerbenden Welpen zuläßt. Ein größerer Züchter hält oft auch den Deckrüden selbst, so daß die gesamte Familie zur Begutachtung komplett ist. Bei einem verantwortungsvollen Züchter werden die Welpen rechtzeitig entwurmt und schutzgeimpft. Das geschieht in einer gut geführten Tierhandlung natürlich auch. Unbestritten bleibt aber die Tatsache, daß Welpen in einer Tierhandlung sehr früh zu dem Streß von Impfungen, dem sie in jedem Falle ausgesetzt sind, noch zusätzlich unter dem weit größeren der Muttertrennung zu leiden haben. Auch ist zu bedenken, daß das kleine Tier in der Tierhandlung bereits einen Transport womöglich in einem Transportkäfig hinter sich hat und daß Welpen in diesem Alter ganz besonders anfällig sind und auf Störungen und Eingriffe in ihrem Tagesablauf empfindlich reagieren können. Schrekken und Angst vermögen einen Welpen für sein ganzes künftiges Leben zu prägen und später auftretende, daraus resultierende Verhaltensstörungen bzw. -abnormitäten sind keine Seltenheit. So kann er für immer geräuschempfindlich bleiben oder geradezu Platzangst in einem engen Raum entwickeln, der ihn an einen Versandkasten oder Käfig erinnert. Das Erinnerungsvermögen bei ganz jungen Welpen ist noch nicht sehr stark ausgeprägt, aber zu dieser Zeit verbleiben sie ohnehin bei der Mutterhündin. Hingegen können in Tierhandlungen Welpen schon im Alter von 6–8 Wochen angetroffen werden. Da muß es sich um in jeder Hinsicht robuste Tiere handeln, wenn sie diese frühe Absetzung von der Mutter und der gewohnten Umgebung, ohne körperliche und psychische Schäden für immer davonzutragen, verkraften. Welpen brauchen den Umgang mit dem Menschen so dringend wie ihre tägliche Nahrung. Nur dann sind sie später einer problemlosen Erziehung zugänglich. Im Schaufenster einer Tierhandlung oder im Glaskasten eines Kaufhauses ist der Kontakt mit Menschen nur eingeschränkt möglich. Die Welpen können zwar viele Passanten sehen, angefaßt und gestreichelt werden sie aber so gut wie nie.

Deshalb spricht alles für den Erwerb eines Welpen vom seriösen Züchter. Aus der Tierhandlung sollte ein Hund nur dann erstanden werden, wenn zumindest feststellbar ist, daß eine Übernahme von der Zuchtstätte nicht zu früh erfolgte, d.h. daß die Welpen nicht zu bald von der Mutterhündin abgesetzt und getrennt wurden. Auch müssen natürlich alle Maßnahmen für die Gesundheit wie Impfen und Entwurmen getroffen worden sein.

Das beste Alter eines zu erwerbenden Welpen liegt um die 12. Lebenswoche. Der Welpe ist dann genügend lange von der Mutter entwöhnt und beginnt schon eigene Erfahrungen mit der Umwelt zu sammeln. Der Charakter ist noch weitgehend formbar; die Ereignisse im Umfeld des Lebensraumes entwickeln eine

große Bedeutung auch für das spätere Sozialverhalten des Hundes. In dieser Zeit vollzieht sich die erste Sozialisierungsphase des Welpen und er gewöhnt sich deshalb gut in der neuen Umgebung ein.

Vor der 8. Woche sollte kein Welpe übernommen werden. Wenngleich er später in der Hauptsache mit Menschen zusammenleben soll, muß er dennoch auch Erlebnisse mit Artgenossen haben (Mutter und Geschwister), um ein gesundes Verhältnis zu diesen zu entwikkeln. Abgesehen davon, daß man einen Welpen nicht zu früh von der Mutter wegnimmt, würde er auch zu sehr ausschließlich auf den Menschen geprägt, was einer artgerechten Hundehaltung nicht förderlich sein kann.

Der Haushund lebt nicht nach Wolfsart nur unter und mit Seinesgleichen. In der zivilisierten Umwelt muß er sich deshalb sowohl mit Artgenossen als auch mit dem Menschen und anderen, in der Familie gehaltenen Tieren arrangieren.

Gefühlsmäßig ist er zuerst an die Mutter gebunden und erst später auch an die Geschwister. So wie Menschenkinder ohne Mutterliebe und unter Mangel an Zärtlichkeit keine feste Bindungsfähigkeit zu entwickeln imstande sind und zurückhaltend, unzugänglich – ja asozial – bleiben, hat ein im frühesten Alter aus der Gemeinschaft mit Mutter und Geschwistern herausgerissener Welpe nie die Möglichkeit, eine soziale Bindung mit Artgenossen einzugehen. Ein Hund, der zu früh in die Obhut des Menschen gelangt, wird im Umgang mit anderen Hunden aggressiv oder extrem ängstlich auftreten. Umgekehrt wird er ausgesprochen hundebezogen sein, wenn er ausschließlich und zu lange mit Hunden zusammenlebt. Ein solcher Hund entwickelt nie eine innige Beziehung zum Menschen und er ist auch schwer erziehbar.

Die Qual der Wahl: Pinscherwurf im Alter von 5 Wochen.

Rüde oder Hündin?

Die Entscheidung, ob ein Rüde oder eine Hündin angeschafft werden soll, muß jeder Käufer letztlich für sich selbst fällen. Im allgemeinen sind Rüden eigenwilliger und Hündinnen anpassungsfähiger. In bezug auf die Anhänglichkeit gebührt keinem der Geschlechter der Vorzug.

Bei den Überlegungen spielt sicher eine wesentliche Rolle, daß die Hündin zweimal im Jahr heiß wird und dann für etwa drei Wochen Blut verliert. Im Fachhandel erhältliche Höschen sorgen dafür, daß die Wohnung nicht beschmutzt wird und dadurch eines der Argumente für das Nichterwerbenwollen einer Hündin nicht mehr stichhaltig ist. Auch wäre dem entgegenzuhalten, daß sich ein Rüde das ganze Jahr über auf Brautschau befindet, während die Hündin nur zweimal im Jahr an Rüden Interesse zeigt.

Ob nun die Wahl auf einen Rüden oder eine Hündin fällt, auf beide Tiere muß mit Sorgfalt geachtet werden. Alle sechs Monate bietet sich die Hündin den Rüden an und umgekehrt sollte der Rüde einer heißen Hündin ferngehalten werden, wenn keine Nachzucht geplant ist.

Welpe, Jungtier oder älterer Hund?

Bei der Überlegung, in welchem Alter der anzuschaffende Hund sein soll, sprechen alle Gründe des Für und Wider für einen Welpen, der etwa 12 Wochen alt ist. In diesem Alter ist der Welpe erzieherisch noch weitestgehend formbar, und eine Umstellung in eine neue Umgebung bereitet die geringsten Anpassungsschwierigkeiten. Freilich muß viel mehr an Zeit investiert werden, als dies bei einem älteren Hund der Fall ist. Der Welpe wird noch viermal täglich gefüttert und das Problem Nr. 1 ist die Erziehung zur Stubenreinheit. Aber gerade hier bei den ersten erzieherischen Maßnahmen sprießt bereits der Keim dieses so innigen Verhältnisses zwischen Hund und Herrn, das die Grundpfeiler aller späteren Erfolge gerade bei der Erziehung bildet. Die Erziehung eines Welpen, welche nun einmal Mühe und Arbeit und vor allem viel Zeit erfordert, erfährt Entschädigung im Übermaß durch die Freude an dem kleinen Wesen selbst, den täglich sichtbaren Fortschritten und nicht zuletzt auch an den eigenen Erziehungserfolgen.

Ab dem Alter von 3–6 Monaten ist eine Übernahme des Hundes noch weitgehend ohne Schwierigkeiten und Problemstellungen hinsichtlich der sich schon jetzt fest prägenden Charaktere möglich. Bedenken sind hingegen dann angezeigt, wenn der Welpe bzw. Junghund bis dahin ausschließlich im Zwinger gelebt hat. Es liegt in der Natur der Sache, daß sich ein Züchter mit mehreren Tieren nicht so intensiv beschäftigen kann, wie dies vom Käufer eines sehr jungen Welpen geschieht. Hier dreht sich alles um den einen Hund, was zu einem ganz anderen Verhältnis beiträgt. Der Zwingerhund anerkennt seinen Herrn ganz sicher auch als die Bezugsperson, die ihn füttert und versorgt, aber der ständige Kontakt zum Menschen fehlt. Auch wenn er ab und zu oder auch regelmäßig ausgeführt wird, ist seine Welt doch der Zwinger und sein Horizont erstreckt sich auf das nähere Umfeld. Unarten, die sich der Zwingerjunghund möglicherweise im Umgang mit anderen Hunden, die noch im Zwinger gehalten werden, angewöhnt hat, sind kaum mehr zu beheben. Unerwünschte Charakterzüge, die durch erzieherische Maßnahmen beim Welpen noch in die gewünschten Bahnen geleitet werden können, haben sich beim Junghund unter Umständen ein- für allemal manifestiert.

Oft ist es die vermeintlich ersparte Mühe, die den Kauf eines Junghundes zu rechtfertigen scheint. Wenn es sich aber um ein ausschließlich im Zwinger aufgezogenes Tier handelt, darf auch nicht damit gerechnet werden, daß es schon stubenrein ist. Um das aber bei einem älteren Junghund zu erreichen, erfordert es ungleich mehr Zeit und Geduld, als dies bei einem Welpen notwendig ist. Der Junghund aus dem Zwinger findet meistens jeden Ort zur Verrichtung seiner Notdurft geeignet.

Nicht zuletzt dürfte der Aspekt, daß ein 6 Monate alter oder älterer Junghund einen höheren Kaufpreis erfordert, eine nicht unwesentliche Rolle bei den Überlegungen spielen.

Wenn schon beim Kauf eines Welpen große Sorgfalt bei der Auswahl hinsichtlich bestimmter Wesenszüge entsprechend den eigenen persönlichen Wünschen obwalten muß, so trifft das noch mehr beim Erwerb eines Junghundes zu. Die Seriosität des Züchters und dessen Auskünfte über die bisherige Entwicklung des Junghundes müssen über jeden Zweifel erhaben sein. Nur dann kann unter Beachtung aller vom Züchter übernommenen Ratschläge auch die Anschaffung eines Junghundes die erhoffte Freude an dem Tier bringen.

Mehr noch als beim Welpen oder Junghund gilt es zu bedenken, wenn ein älteres Tier zur Abgabe gelangt. Aus welchen Umständen heraus auch immer ein älterer oder alter Hund den Besitzer wechseln muß, unumgänglich sind gründliche Recherchen über das Vorleben des Tieres. Ein alter Hund, der es bei einem oder gar mehreren Herren nicht so gut hatte, wird sich leichter in eine ihm zugetane Familie integrieren als ein solcher, der zu seinem Vorbesitzer ein besonders enges und inniges Verhältnis hatte.

Auch ein alter Hund vermag seinem neuen Besitzer noch Freude zu bereiten, wenn für das Zusammenleben notwendige Grundlagen geschaffen wurden. Ein älteres Tier kann nicht so einfach abgeholt und in ein neues Zuhause verbracht werden. Zuvor muß man sich an Ort und Stelle ein genaues Bild darüber verschaffen, wie der Hund bisher gelebt hat. Es gilt, alle seine Lebensgewohnheiten zu akzeptieren, zu übernehmen und zu pflegen, um dem Tier die Umstellung so leicht wie irgend möglich zu machen. Sicher lassen sich im Einvernehmen mit dem Vorbesitzer mehrere Besuche zu diesem Zweck in seinem seitherigen Heim arrangieren.

All dies ist natürlich weitgehend ausgeschlossen, wenn es sich um ein Tier aus dem Tierheim handelt. Hier kann nur Einfühlungsvermögen seitens des neuen Besitzers und eine gehörige Portion Glück helfen, für beide Teile das Miteinander optimal zu gestalten.

Mitunter kommen auch abgerichtete Hunde – also solche mit Schutzhundprüfung – zum Verkauf. Diese Tiere dürfen zum einen nur von fachkundigen Hundesportlern und zum anderen nur dann übernommen werden, wenn sich der Käufer selbst beim Vorbesitzer oder in der Hundedressuranstalt, in welcher der Hund seine Ausbildung erfuhr, zum Führen eines solchen Hundes hat schulen lassen. Wer glaubt, für viel Geld und ohne die notwendige Sachkenntnis einen abgerichteten Schutzhund erwerben zu können, der bei ihm auch das Gelernte ausführt, irrt gewaltig. Der abgerichtete Hund ist auf seinen Führer fixiert und nichts in der Welt kann ihn veranlassen, plötzlich einer anderen Person zu gehorchen, was ja auch ganz bestimmt nicht dem Sinn einer derartigen Dressur entspricht.

Der am Kauf eines Schutzhundes Interessierte muß am Hund unter Anleitung des Abrichters lernen, wie er künftig zu verfahren hat, um das Vertrauen des Hundes so weit zu gewinnen, daß er ihn als neuen Hundeführer und Herrn akzeptiert.

Wesenstest

Der Käufer eines Welpen hat die Möglichkeit, diesen vor dem Kauf einem Wesenstest zu unterziehen, wozu sich mehrere Möglichkeiten anbieten. Eine endgültige Aussage über das spätere Verhalten ist dadurch zwar nicht möglich, denn die Umwelteinflüsse, die noch eine Wesensveränderung bewirken können, sind sehr vielgestaltig. Gewisse Anhaltspunkte über die weitere Entwicklung des Welpen sind aber doch gegeben und sollten deshalb auch genutzt werden.

Eine kleine Wesensprüfung am einzelnen Welpen ist besonders aufschlußreich, da sich hier bereits zeigt, wie er sich ohne die Rückenstärkung der Wurfgeschwister und der Mutter verhält. In der Gruppe hingegen läßt sich eher herausfinden, welches Tier das aggressivste und welches am ehesten unterordnungsbereit ist. Wichtig ist, die ersten Tests ohne das Beisein der Mutterhündin durchzuführen.

Ein in den Zwinger gestellter Pappkarton gibt wertvolle Aufschlüsse über das Verhalten der Welpen etwas Neuem gegenüber. Der mutigste Welpe wird sich neugierig und forsch dem Karton nähern und ihn beschnuppern. Die etwas ängstlichen Naturen sehen sich das Ganze erst einmal aus sicherer Entfernung an, um gar nicht oder nur zögernd heranzukommen.

Ein an einer Schnur befestigter Gegenstand – etwa eine Blechbüchse oder eine Kinderrassel –, der beim Herumziehen auf dem Zwingerboden laute Geräusche verursacht, dient ebenfalls dem Herausfinden des mutigsten und zaghaftesten Welpen. Nach mehreren Versuchen mit dem gleichen Gegenstand tritt natürlich ein gewisser Gewöhnungseffekt ein.

Diese beiden genannten Tests können bereits im frühesten Welpenalter Anwendung finden ebenso wie der, bei dem man einen einzelnen Welpen an einen ihm unbekannten Ort zur Prüfung seiner Selbstsicherheit bringt. Diese besteht, wenn der Welpe nicht nach Mutter und Geschwistern wimmert und

2 1/2 Wochen alt sind diese jungen Irish Wolfshunde.

auch sonst keinerlei Unbehagen an dem fremden Ort zeigt.

Interessant zu beobachten ist auch, wie sich die etwa 7 Wochen alten Welpen der Bezugsperson gegenüber verhalten, wenn sich diese inmitten des Zwingers niederhockt. Kommen die Welpen mit wedelndem Schwänzchen heran, um »ihren« Menschen abzuschlecken, zeugt das von großem Vertrauen und Zuneigung. Wenn die im Zwinger umhergehende Person sich plötzlich und ruckartig zu den sie verfolgenden Welpen umdreht, läßt sich schnell das ängstlichste Tier herausfinden, das sich augenblicklich ducken wird.

Wenn hinter einem stabilen Maschendraht im Holzrahmen auf der einen Seite entweder der dem Welpen bekannte Mensch oder die Mutterhündin Aufstellung nehmen und auf die andere Seite der Welpe verbracht wird, zeigt sich, wie geschickt der Kleine – wenn überhaupt – das Problem, an seine Mutter oder an die Bezugsperson heranzukommen, löst. Es ist dies eine schwere Prüfung für den Welpen, wenn man bedenkt. daß der Welpe sich, wenn auch zögernd – von dem Objekt, das er ja erreichen möchte, zunächst entfernen muß, denn nur wenn er um den Draht herumgeht, kann er sein Ziel erreichen. Die Art bzw. die Schnelligkeit, mit der er das Problem angeht, läßt Schlüsse auf die spätere Lernfähigkeit zu. Der Welpe mit weniger intensiver Bindung – sei es an den Menschen oder an seine Mutter – kommt der Lösung sicher schneller nah, weil er sich leichter von seinem Gegenüber am Maschendraht trennen kann. Wenn der Welpe zunächst zögert, dann aber doch den Weg zum Objekt um das Gitter herum sucht, um dort in freudige Begrüßung überzuleiten, ist der Test zufriedenstellend absolviert.

Die Nervenfestigkeit oder Ängstlichkeit eines Welpen läßt sich gut erkennen, wenn man eine aufgepustete Tüte oder einen Luftballon mit einem Knall zerschlägt. Während sich die ängstlichen Welpen in eine Ecke verkriechen oder zu flüchten versuchen, verhalten sich die »geräuschfesten« Welpen völlig ruhig oder versuchen sogar herauszufinden, was das seltsame Geräusch verursacht haben könnte. Die Überzahl der Welpen wird zwar nach dem Geräusch erschrocken zusammenzucken, sich aber dann nicht weiter ängstlich zeigen. Dies ist als ganz normale Reaktion zu betrachten.

Die sehr ängstlich reagierenden und sich verkriechenden Welpen eignen sich allenfalls als Schoßhunde, wo sie weiter verhätschelt werden können, niemals aber als Schutz- und Wachhunde, die beim ersten lauten Knall das »Hasenpanier« ergreifen. Wohl läßt sich ein Hund »schußfest« machen, fest im eigentlichen Sinne wird er jedoch niemals. Es bleibt immer ein großer Faktor der Unzuverlässigkeit bestehen, der auch durch Erziehungsmaßnahmen nicht verschwindet.

Ein vor dem Hund in dessen Blickwinkel plötzlich aufgespannter Regenschirm gilt der Auslösung ähnlicher Reaktionen, wie sie der Knall des berstenden Luftballons oder der Papiertüte verursachen. Die sehr mutigen Welpen zucken zwar kurz zusammen, verharren aber auf dem Fleck und kommen sehr bald heran, um sich den Gegen-

stand näher zu besehen. Zu begrüßen ist auch das Verbellen des vermeintlichen Gegners, wobei der Hund aber nicht rückwärts gehen darf.

Mit einem alten Strumpf, einem Stück Gurt oder auch einem Jutesack läßt sich feststellen, welches Tier am kämpferischsten veranlagt ist. Der Gegenstand wird vor dem Welpen hin- und herbewegt, um seine Angriffslust zu prüfen. Möglicherweise reagiert er überhaupt nicht darauf; derjenige Welpe aber, der sich daraufstürzt, wütend hineinbeißt und schüttelnd daran zerrt, zeigt sicher den größten Kampfgeist. Allerdings muß er auf Geheiß – und das ist äußerst wichtig – den Gegenstand wieder loslassen. Geschieht dies nicht, und er gebärdet sich nur noch toller, ist ein solcher Hund bei einer späteren Mannarbeit wahrscheinlich von seinem Abrichter auch nicht mehr lenkbar. Als ideale Reaktion gilt der aggressive Angriff, das Auslassen, wenn dies dem Hund zu verstehen gegeben wird und das anschließende Bewachen des Gegenstandes, um im geeigneten Moment auf Geheiß wieder zupacken zu können.

Ein auf dem Zwingerboden hin- und herfegender Besen kann den gleichen Kampfgeist auslösen.

Das Entfernen der Mutterhündin außer Sichtweite vom Welpen und das anschließende Suchen und Auffinden zeigt, ob der Hund mit einer »guten Nase« ausgestattet ist.

Diese Tests vermögen keine endgültige Aussage über die physische und psychische Weiterentwicklung des Welpen bzw. Junghundes zu machen. Sie sind aber sehr wohl in der Lage, einen couragierten von einem ängstlichen Hund unterscheiden zu helfen. Draufgängertum, Rauflustigkeit, Aggressivität auf der einen Seite und Ängstlichkeit, Schreckhaftigkeit, Gehemmtheit und Fluchtbereitschaft auf der anderen Sei-

te sind Wesensmerkmale, die sich auch durch Erziehungsmaßnahmen nicht oder nur wenig korrigieren lassen. Auch bleiben die Temperamentsunterschiede zwischen den einzelnen Tieren für immer bestehen. Daraus darf aber nicht von vornherein gefolgert werden, daß der temperamentvollste Welpe auch der spätere Kämpfer und Angreifer sein wird. Auch der ruhige Hund kann sich in aggressiver Weise bei gegebenem Anlaß zur Wehr setzen. Ein ruhiges Temperament ist auch nicht ohne weiteres etwa mit gehemmtem Verhalten gleichzusetzen. Natürlich wird eine phlegmatische Natur nicht so leicht aus der Reserve zu locken sein und das Erziehen eines solchen Hundes verschafft nicht die reine Freude. Besonders im Hinblick auf eine spätere Verwendung als Wachhund bringt ein solches Tier wenig oder keine Voraussetzungen mit.

Drei bildschöne Welpen: Dalmatiner, Cocker Spaniel und Collie.

Kaufvertrag

Wenn es auch nicht zwingend erforderlich ist, beim Kauf eines Hundes einen Kaufvertrag abzuschließen, so ist doch die schriftliche Abfassung von Vereinbarungen und Zusagen empfehlenswert. Die meisten Zuchtvereine halten Kaufvertragsvordrucke bereit, die im allgemeinen beiden Vertragsparteien Genüge tun.

Wesentliche Bestandteile des Kaufvertrages sind: Name und Adresse von Käufer und Verkäufer, Beschreibung des Hundes bezüglich Farbe usw., Kaufpreis und Zahlungsvereinbarungen, Erfüllungsort, Regelung des Transportes, Ort, Datum und Unterschrift beider Vertragspartner.

Der Kaufvertrag muß auch eventuelle zusätzliche Garantien des Verkäufers enthalten. Käufer und Verkäufer erhalten je ein Vertragsformular.

Ein seriöser Hundezüchter gibt Auskunft über ihm bekannte Mängel. Nach dem Kauf festgestellte Mängel können nicht geltend gemacht werden, außer, wenn nachweislich arglistige Täuschung vorlag. Dann kann der Käufer Wandlung oder Minderung verlangen. Erkennt der Verkäufer den Mangel nicht an, so muß innerhalb der allgemeinen Rügefrist (6 Monate) Klage erhoben werden. Es ist der Nachweis zu erbringen, daß der Mangel schon beim Kauf bestanden hat, wobei unwichtig ist, ob er da schon hätte erkannt werden können.

In einem Vertrag kann die Rügefrist entweder ausgeschlossen, verkürzt oder verlängert werden. Die Möglichkeit der Rügefrist-Verlängerung sollte der Käufer vor allem dann nutzen, wenn er einen Hund für spätere Zuchtzwecke erwirbt, um Zuchtuntauglichkeit zu erfassen. Nun haftet der Verkäufer aber nur für beim Kauf vorhandene Zuchtmängel. Insofern geht der Käufer beim Kauf eines Welpen ein gewisses Risiko ein, da bestimmte Fehler im frühen Welpenalter noch gar nicht erkennbar sind. So kann beispielsweise ein Welpe mit 10 Wochen ein korrektes Milchgebiß haben, das im Alter von etwa 5 Monaten wechselt und das bleibende Gebiß zeigt Zahnfehlstellungen auf. Umgekehrtes ist aber auch möglich.

Die Festlegung eines Gerichtsstandes ist wichtig, insbesondere bei einem Kauf im Ausland. All das regelt ein Kaufvertrag.

Bei Wandlung des Kaufes geht der Hund an den Verkäufer zurück und der Käufer erhält den Kaufpreis erstattet. Sollte Ersatzleistung vereinbart sein, empfiehlt es sich wiederum einen Vertrag abzuschließen. Bei Minderung ist eine Einigung über den zu erstattenden Teilbetrag herbeizuführen.

Mit dem Kauf und der Bezahlung werden dem Käufer die Abstammungspapiere des Hundes übereignet sowie die Bescheinigung über durchgeführte Impfungen. Bei vereinbarter Ratenzahlung – für die die allgemeinen gesetzlichen Bestimmungen gelten – verbleibt die Ahnentafel bis zur endgültigen Bezahlung beim Verkäufer, der auch so lange der Eigentümer des Hundes ist. Der Käufer gilt in diesem Fall als der Halter des Hundes.

Wird nichts anderes vereinbart, gehen alle Rechte an dem Hund bei Bezahlung an den Käufer über.

Haltung

Haus- und Einzelhund

Der einzeln gehaltene Hund lebt in den meisten Fällen im Haus bzw. in der Wohnung und hat dadurch unmittelbaren Familienanschluß. Gegen das Familienmitglied Hund ist absolut nichts einzuwenden, wenngleich diese Hundehaltung ganz und gar nicht artgerecht ist. Wer aber kann schon eine Hundemeute in seinen vier Wänden beherbergen? Sicherlich kann und will das niemand und die räumlichen Verhältnisse lassen das meist auch gar nicht zu. Der domestizierte Hund scheint sich zudem auch in menschlicher Gesellschaft wohlzufühlen – in der Zivilisation also.

Der Mensch sollte nur eins bedenken, nämlich, daß er den Hund Hund sein lassen muß und nicht versucht, ihn mit menschlichen Maßstäben zu messen und zu sehen, kurz: er darf den Hund nicht vermenschlichen wollen.

Der Einzelhund, der sehr klein in menschliche Obhut kam, ist natürlich viel mehr als der Zwingerhund oder mehrere, miteinander in der Wohnung lebende Hunde auf den Menschen geprägt. Damit er aber auch mit Seinesgleichen gut auskommt, bedarf es der frühzeitigen Konfrontation mit anderen Hunden. Der Hund, der seinen Artgenossen immer nur ferngehalten wird, entwickelt ein gestörtes Verhältnis im Umgang mit diesen.

Das alles ist gerade beim Einzelhund zu berücksichtigen. Seine Anhänglichkeit an den Menschen soll er ja bewahren, aber eben als Hund, und anderen Hunden soll er rechtzeitig begegnen, um so weit wie möglich artgerechte Beziehungen aufzubauen. Das heißt und bedeutet nun aber nicht, daß man ihn mit allen beliebigen Hunden spielen lassen soll. Nur bekannte Hunde dürfen in näheren Kontakt zu ihm gelangen, und mit ihnen darf er ruhig auch einmal ohne Leinenzwang spielen.

Das heißt, daß ein Hund, der beim Ansichtigwerden anderer Hunde immer nur festgehalten wird, ganz zwangsläufig eine Aggressivität gegenüber Artgenossen entwickelt, die nicht erwünscht sein kann.

Deshalb noch einmal zusammengefaßt: Einzeltierhaltung kann für Mensch und Hund gut sein (und ist es auch zumeist), wenn dem Hund Gelegenheit gegeben wird, sich in unserer zivilisierten Welt möglichst artgerecht zu verhalten, wozu auch das Sammeln von Erfahrungen mit anderen Hunden zählt.

Fast alle Hunderassen lassen sich im Haus halten, sogar eine Dogge, wenn genügend freier Auslauf zur Verfügung steht. Frei, das bedeutet: ungehindertes Austoben! Spazierengehen an der kurzen Leine genügt da nicht. Leider ist besonders in den Städten, aber auch vielfach auf dem Lande durch den Straßenverkehr heute eine uneingeschränkte Bewegungsmöglichkeit für die Hunde nicht mehr gegeben. Eine Alternative zum »freien« Bewegen bietet die lange Leine, an welcher sich auch der Haushund genügend Auslauf verschaffen kann.

Wer dem Haushund den Garten als Auslauf zur Verfügung stellen kann, darf sich glücklich schätzen. Eine Entschädigung für die täglichen Spaziergänge bietet aber auch ein Garten nicht, vor allem dann nicht, wenn der Hund

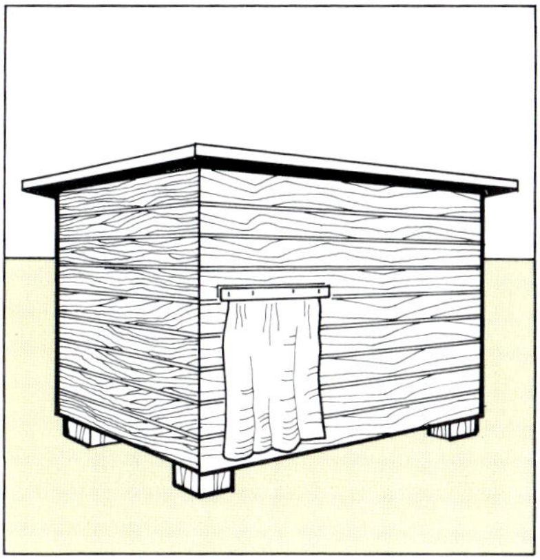

Eine Hundehütte für den Zwingerhund. Der Sack vor dem Einschlupf schützt vor Kälte und Zugluft.

aus Bequemlichkeit des Herrn dorthin verbracht wird. Befassen – und zwar intensiv – muß sich der Hundehalter in jedem Falle mit seinem Hund. Das braucht der vierbeinige Hausgenosse, um nicht seelisch zu verkümmern.

Im Haus erhält der Hund an einem ruhigen Ort, wohin er sich auch einmal ungestört zurückziehen kann, sein »Plätzchen« zugewiesen. Hier wird seine Schlafstatt aufgestellt, die zweckmäßigerweise für den jungen Hund eine einfache Holzkiste (Marke Eigenbau) sein sollte. Die im Handel erhältlichen, zum Teil schön mit Stoff ausgeschlagenen Körbchen empfehlen sich für den älteren, dem Nage- und Zerstöralter entwachsenen Hund. Eine Kinderbettmatratze mit Überzügen zum Wechseln ist zwar sehr hygienisch und auch genügend weich; der Hund kann sich aber nicht so schön hineinkuscheln, wie ihm das in einer mit Decken ausgepolsterten Kiste möglich ist.

Wie auch immer das Lager beschaffen ist, eines sollte nicht vergessen werden: Gerade der junge Hund, der mit Mutter und Geschwistern zusammen ein warmes Nest innehatte, hat ein ganz großes Wärmebedürfnis und sein Bett darf deshalb nicht auf Hineinwachsen angeschafft werden. Der kleine Kerl würde sich darin bestimmt nicht wohlfühlen. Wenn es zu groß ist, muß es mit entsprechendem Material (Decken und Kissen) ausgepolstert und ausgefüllt sein.

Wenn man für den Welpen, der jung in das Haus aufgenommen wird, eine Decke an sein neues Plätzchen bringt, die mit heimatlichen Düften versehen ist, d.h. die nach Mutter und Geschwistern riecht – eben nach Hund – so gewöhnt sich das kleine Hundekind besser in seinem neuen Heim ein.

Der Hund schläft von Anfang an nur auf dem ihm zugewiesenen Platz. Sessel oder Betten sind für ihn tabu.

Der Welpe, der später vorwiegend im Zwinger leben soll, erhält zweckmäßigerweise seine erste Mahlzeit von dem neuen Besitzer dort verabreicht, damit er von vornherein Angenehmes mit dem Zwingeraufenthalt verbindet. Bei mehreren im Zwinger lebenden Hunden entstehen kaum Einwöhnungsschwierigkeiten. Anders der Einzelhund! Er fühlt sich im Zwinger schrecklich verlassen. Es bedarf eines besonderen Eingehens auf den Einzelhund, dem der Mensch, die Familie, wenn auch nur ansatzweise, mit sehr viel Verständnis die Meute, das Rudel, aus dem der Hund ja herausgerissen wurde, zu ersetzen versuchen muß. Es ist schlimm für den jungen Hund, wenn er unmittelbar nach der Trennung von Mutter und Geschwistern mit seinem Kummer allein in einen Zwinger gesperrt wird. Wenn die Eingewöhnung hingegen über die Wohnung erfolgt, die er ja später einmal bewachen soll, empfindet er zu dem Trennungsschmerz nicht auch noch das Gefühl der Einsamkeit.

Vorbildlich und komfortabel ist diese Hundehütte aus Holz mit Vorbau.

Zwingerhund

Um einen Hund hauptsächlich in einem Zwinger halten zu können, sind ganz bestimmte Verordnungen einzuhalten. Die von der Bundesregierung zum Tierschutzgesetz erlassene Rechtsverordnung über das Halten von Hunden im Freien besagt, daß Hunde nur dann in offenen oder teilweise offenen Zwingern gehalten werden dürfen, wenn ihnen innerhalb des Zwingers oder unmittelbar mit dem Zwinger verbunden ein Schutzraum zur Verfügung steht. Der Raum muß so bemessen sein, daß der Hund sich darin verhaltensgerecht bewegen und den Raum durch seine Körperwärme warmhalten kann. Die Öffnung des Schutzraumes darf nur so groß sein, daß der Hund ungehindert hindurch gelangen kann. Sie muß der Wetterseite abgewandt und gegen Wind und Niederschlag abgeschirmt sein.

Dieser Schutzraum sollte wenigstens eine doppelwandige Hundehütte sein, in welcher der Hund natürlich vor Zugluft geschützt sein muß. Die einfachste Möglichkeit bietet ein vor dem Einschlupf der Hundehütte angebrachter Sack, dessen Lebensdauer jedoch nicht vorhersehbar ist. Diese Lösung ist zwar nicht das Nonplusultra einer Hundeunterkunft, aber sie gewährt doch Schutz vor der schlimmsten Unbill des Wetters.

Etwas komfortabler erweist sich da eine Hundehütte mit Vorbau, die es dem Hund gestattet, trockenen Fußes an sein Lager zu gelangen und auch einmal die Nase herauszustrecken, ohne gleich dem Regen oder Wind ausgesetzt zu sein.

Für mehrere im Zwinger zu haltende Hunde empfehlen sich zusammenhängende Hundehäuser, die innen in entsprechende Boxen abgeteilt sind. Die Verwendung von Holz als Baumaterial erfordert keine baurechtlichen Verfügungen im Gegensatz zum Massivbau. Der Zwinger muß so beschaffen sein, daß eine Verletzungsgefahr für die Hunde ausgeschlossen ist. Mindestens eine Seite des Zwingers muß dem Tier die Sicht nach außen ermöglichen. Ein schattiger Platz bei starker Sonneneinstrahlung muß außerhalb des Schutzraumes verfügbar sein.

Hunde dürfen im Zwinger nicht angebunden werden.

Als Bodenbelag im Zwinger eignen sich etwas angerauhte Platten, wie sie auf den Bürgersteigen Verwendung finden. Der Naturboden würde nur kurze Zeit die Grasnarbe behalten und wäre dann, vor allem bei regnerischem Wetter, immer schmutzig. Zudem ist ein Plattenboden, der leicht sauberzuhalten ist, hygienischer, vor allem dann, wenn der Zwingerauslauf mit etwas Gefälle angelegt wird.

Damit der Hund nicht auf dem Fußboden liegen muß, sollte eine Holzliege im Zwinger stehen.

Die Einzäunung eines Zwingers muß so hoch sein, daß der Hund nicht dar-

Das Schema einer Zwingeranlage:
1 Windfang
2 Ein- und Auslaßklappe
3 Lager mit Strohschüttung
4 Stalltür
5 Vorraum – Kontrollgang
6 Fenster mit Dauerbelüftung
7 Eingangstür
8 Zwingertür
9 Zwinger I
10 Zwinger II

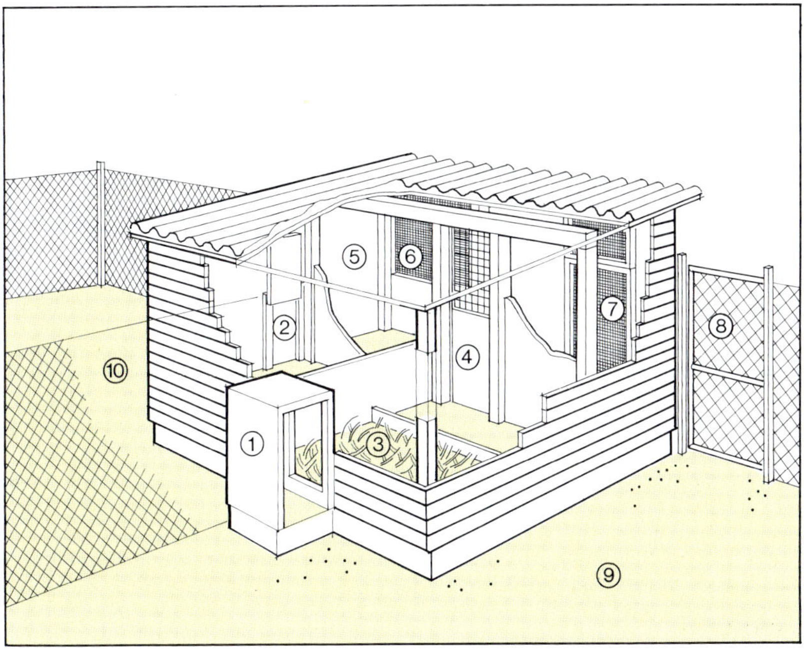

überspringen kann und ein sicherer Aufenthalt gewährleistet ist.

Im allgemeinen liegt die Zwingeranlage nicht ständig im Sichtbereich des Besitzers. Deshalb ist sie entsprechend abzusichern, damit Unbefugte den Hund nicht aus dem Zwinger herauslassen können.

Die Größe des Zwingers muß der Zahl und der Art der in ihm gehaltenen Hunde entsprechen. Nach der zuvor genannten Verordnung beansprucht ein über 20 kg schwerer Hund eine Grundfläche (ohne Schutzraum) von mindestens 6 m^2, jeder weitere im gleichen Zwinger gehaltene Hund noch einmal 3 m^2. Das sind Mindest-, Minimum-Forderungen, und je größer der Hund wird, reichen sie allenfalls zum Füßevertreten.

Ganz gleich, wie großzügig von seinen Ausmaßen her ein Zwinger gestaltet wird, er kann dem Hund immer nur ein Mehr an Bewegungsmöglichkeit bieten; ein Ersatz für den unabdingbaren Auslauf außerhalb des Zwingers bietet er hingegen nicht.

Ein nur im Zwinger sein Dasein fristender Hund, des Umgangs mit der Umwelt weitgehend beraubt, verkümmert an Körper und Seele. So wie er des täglichen Futters bedarf, verlangt er

Kann es aufmerksamere Freunde geben als diese beiden Deutschen Doggen?

Die Ohren dieser Doggen wurden nicht kupiert.

nach körperlicher Betätigung im freien Auslauf, aber auch der Kontakt – und zwar der ständige – zum Menschen in der Ansprache ist vonnöten.

In Mietwohnungen Was sagt der Mietvertrag?

Die sogenannten Einheits- oder Standardmietverträge untersagen generell das Halten von Tieren in der Wohnung.

Um späteren Ärger mit dem Vermieter zu vermeiden, sollte man sich vor Unterzeichnung des Mietvertrages nach der Haltungsmöglichkeit eines Hundes erkundigen. Eine mündliche Zusage ist nicht zu akzeptieren; nur die schriftliche Form des Einverständnisses genügt bei möglichen gerichtlichen Auseinandersetzungen. Da die Hundehaltung in der Regel nicht zur allgemeinen Lebensführung zählt (eine Ausnahme wäre beispielsweise die Haltung eines Blindenführhundes), hat der Mieter im Prinzip rechtlich keinen Anspruch darauf, einen Hund in der Mietwohnung halten zu dürfen.

Anders verhält sich die Rechtsprechung, wenn der Vermieter bislang ohne Einspruch die Hundehaltung geduldet hat. In diesem Fall kommt das sogenannte Gewohnheitsrecht zum Zuge. Dann gilt die Erlaubnis als stillschweigend erteilt.

Ist im Mietvertrag keine Klausel enthalten, welche die Tier- speziell die Hundehaltung verbietet, darf die Genehmigung zur Haltung eines Hundes vorausgesetzt werden.

Wird bereits ein Hund in der Mietwohnung gehalten und der Vermieter erhebt im nachhinein Widerspruch dagegen, so erweist es sich vielleicht als hilfreich, von den Mitbewohnern des Hauses Unterschriften vorzulegen, die keine Einwände gegen die Hundehaltung beinhalten. Akzeptieren muß der Vermieter eine solche Unterschriftenaktion natürlich nicht.

Für die Rechtsprechung von Bedeutung ist, ob durch die Tierhaltung Schäden an der Wohnung oder eine Belästigung der anderen Mieter zu erwarten ist.

Aber auch im eigenen Haus kann es zu Beschwerden seitens der Nachbarn kommen, wenn sich diese durch die Hundehaltung belästigt fühlen, vor allem, wenn die Beeinträchtigung auf ruhestörenden Lärm zurückzuführen ist.

Für Ruhestörungen durch Hunde gilt allgemein und bei der Haltung von Hunden in Mietwohnungen insbesondere, daß sich jeder Hund so zu verhalten hat, daß andere nicht mehr als nach den Umständen unvermeidbar, durch Geräusche gesundheitlich gefährdet werden.

Als gesetzliche Ruhezeiten gelten die Zeiten zwischen 19.00 und 7.00 Uhr und von 13.00 bis 15.00 Uhr, was aber nicht bedeutet, daß der Hund in der übrigen Zeit durch ruhestörenden Lärm auffallen darf. Ärger gibt es, wenn Hunde über das vertretbare Maß hinaus laut sind.

Der Bund gegen Mißbrauch der Tiere, Viktor-Scheffel-Straße 5/0, 8000 München 40, hat eine Broschüre »Tierhaltung in Miet- und Eigentumswohnungen in der Rechtsprechung« herausgegeben, die Aufschluß über alle anstehenden Fragen gibt.

Hund und Kind

Die Mehrzahl der Hunderassen – und oft sind es gerade die ganz großen Hunde – gilt als ausgesprochen kinderfreundlich, vorausgesetzt, die Hunde haben mit Kindern keine schlechten Erfahrungen gemacht.

Ein älteres Kind, das sich einen Hund wünscht, sollte diesen – nach Abklärung des Zuständigkeitsbereiches für das Füttern und Pflegen – auch bekommen. Ob es sich um einen Hund kleiner oder großer Rasse handelt, richtet sich nach den räumlichen Gegebenheiten, dem Futterbedarf und vielem anderen. Einen Hund sein eigen zu nennen, bedeutet für das Kind, Verantwortung für eine Kreatur zu übernehmen, und das zu entwickelnde Pflichtbewußtsein dürfte nicht zuletzt auch eine Vorstufe für das spätere Leben darstellen.

Wie verhalten sich nun Hunde Kindern gegenüber?

Von einem schon etwas älteren Kind darf bereits so viel Vernunft im Umgang mit einem Hund vorausgesetzt werden, daß der Hund das Kind als Herrn akzeptiert. Auch hier gelten alle Verhaltens- und Erziehungsmaßnahmen, wie sie von einem erwachsenen Hundehalter Anwendung finden (»Hunde erziehen« Verlag Eugen Ulmer).

Anders verhält es sich beim Umgang eines Kleinkindes mit dem Hund. Da Kleinkinder in ihrem Unverstand die Grenzen des Spieles mit dem Hund nicht kennen, sollten sie ihm lieber ferngehalten werden, zumindest ist elterliche bzw. Erwachsenenaufsicht notwendig. Hunde sind nun einmal kein Spielzeug!

Echte Probleme können auftauchen, wenn zu dem bereits in der Familie lebenden Hund ein Baby geboren wird. Hier bedarf es des sorgfältigen Aneinandergewöhnens und keinesfalls darf sich der Hund zurückgesetzt fühlen. Wenn er bislang als Mittelpunkt der Familie rangierte, muß das auch künftig so bleiben, um nicht Eifersucht in ihm zu wekken.

Wird dem Hund Gelegenheit gegeben, sich mit dem neuen Familienmitglied vertraut zu machen, so wird er das Baby auch ganz selbstverständlich als solches akzeptieren.

Die Gefahr der Übertragung von unerkannten Krankheiten des Hundes auf das Kind ist gering, liegt aber doch im Bereich des Möglichen. Deshalb darf dem Hund nicht erlaubt werden, das Kind abzulecken.

Mit dem Hund in Urlaub

Der Hundebesitzer, der seine Urlaubszeit zusammen mit seinem Hund verbringen möchte, tut gut daran, sich rechtzeitig mit den Planungen zu befassen, damit die Urlaubszeit tatsächlich zur Erholung für Herrn und Hund wird und ohne Probleme verläuft. Es bedarf der vorherigen Abklärung, ob der Hund in die in Aussicht genommene Unterkunft aufgenommen werden kann. Meist wird im Urlaubsquartier ein Tagessatz in geringer Höhe berechnet, auch wenn der Hund sein eigenes Futter und keinen zusätzlichen Schlafplatz erhält. Andere Gäste dürfen sich selbstverständlich nicht belästigt fühlen und der Hundebesitzer muß wissen, ob sein

Die Kinderliebe des Leonbergers ist sprichwörtlich.

Durch die Hundemarke am Halsband kann der Besitzer eines entlaufenen Hundes ermittelt werden.

Hund auch einmal alleine in der für ihn fremden Umgebung bleibt, ohne daß ein ohrenbetäubender Lärm durch Bellen oder Heulen entsteht.

Ferner ist zu bedenken, daß in manchen Urlaubsorten Leinen-und zuweilen sogar Maulkorbzwang herrscht, was alles vor der Reise abgeklärt werden muß. In manchen Nationalparks besteht generelles Hundeverbot.

Dem Hund ist seine gewohnte Schlafstatt (Körbchen oder Matratze) mitzunehmen, ebenso sein gewohntes Futter. Da es schlecht möglich ist, während des Urlaubs Frischfleisch zu verfüttern, erweist sich das – zumindest gelegentliche – Verabreichen von Fertigfutter schon zu Hause als Vorteil.

Der Hund trägt während der Ferien sein Halsband mit Hundemarke und Urlaubsanschrift, falls er sich verläuft und aufgegriffen wird.

Im Urlaubsort sollte dem Hund die Gewöhnung an eventuell veränderte klimatische Verhältnisse durch Ruhe in den ersten Tagen erleichtert werden.

Wer seinen Hund nicht mitnehmen kann oder möchte, dem stehen gut geführte Hundepensionen zur Verfügung, wenn er nicht eine Person seines Vertrauens mit der Betreuung des Hundes in dessen gewohnter Umgebung beauftragen kann.

Bei Reisen in das Ausland sind die dortigen gesundheitlichen Bestimmungen zu beachten und durch den Tierarzt die erforderlichen Impfungen beizeiten vornehmen zu lassen.
Im einzelnen gelten folgende Vorschriften:

Belgien
Impfung gegen Tollwut mit im Herkunftsland amtlich kontrollierten und zugelassenen Impfstoffen. Amtstierärztliche Bescheinigung der Impfung mit Namen des Herstellers, der Chargennummer, der Art und des Verfallda-

tums des verwendeten Impfstoffes, Namen und Anschrift des Tierhalters, Beschreibung des Tieres nach Rasse, Alter, Geschlecht sowie Zeichnung des Fells, Zeitpunkt der Impfung. Verfalldatum des Zeugnisses. Anerkannt wird beim Hund bei inaktivierten Impfstoffen, die auch bei Katzen eingesetzt werden können, ein einjähriger Impfschutz. Bei Hunden, die weniger als 3 Monate alt sind, gilt ein 6monatiger Impfschutz. Die Impfung muß mindestens 30 Tage vor Ein- oder Durchreise erfolgt sein.

Bulgarien
Amtstierärztliches Gesundheitszeugnis und Tollwutimpfbescheinigung erforderlich. Die Tollwut-Impfbescheinigung muß mindestens 1 Monat und darf höchstens 1 Jahr zurückliegen. Bescheinigung, daß im Heimatland keine Seuche herrscht.

Dänemark
Tollwutimpfzeugnis, mindestens 4 Wochen alt, nicht älter als 1 Jahr. Als amtliches Impfdokument für Hunde wird sowohl das besondere dänische Formular, das beim Veterinärdirektorat, 1265 Frederiksgade 21, in Kopenhagen/K, bei der Dänischen Botschaft in Bonn oder den Dänischen Konsulaten erhältlich ist, wie auch der Internationale Impfpaß anerkannt.

DDR
Für die Einreise mit Hunden amtstierärztliches Ursprungs- und Gesundheitszeugnis, das bei der Einreise nicht älter als 5 Tage sein darf. Aus dem Zeugnis muß hervorgehen, daß das mitreisende Tier bei einer tierärztlichen Untersuchung keine Anzeichen einer tier- oder menschengefährdenden Krankheit hat, das Tier nicht aus einem Gebiet stammt, das wegen Tollwut oder einer anderen auf oder durch Hunde übertragbaren Krankheit gesperrt ist. An Stelle dieser Bescheinigung kann eine amtstierärztliche oder amtstierärztlich bestätigte (Beglaubigung durch den Amtstierarzt muß durch Amtssiegel und Unterschrift erfolgen) Impfbescheinigung gegen Tollwut vorgelegt werden. Anerkannt wird für die Tollwutschutzimpfung ein 12monatiger Ansteckungsschutz. Die Impfung muß mindestens 30 Tage vor Einreise erfolgt sein. Das Mitführen von Blindenhunden ist gestattet, wenn ein tierärztliches Attest vorliegt.

Durchreise von und nach Berlin (West)
Die Durchreise wird gestattet, wenn durch ein amtstierärztliches Zeugnis nachgewiesen wird, daß der Hund keine Anzeichen einer Menschen oder Tiere gefährdenden Krankheit zeigt und nicht aus einem Gebiet und/oder einem Betrieb stammt, der wegen einer auf oder durch die betreffende Tierart übertragbaren Krankheit gesperrt ist. Die Bescheinigung darf bei Vorlage an der Grenzübergangsstelle nicht älter als 5 Tage sein. An Stelle dieser Bescheinigung kann eine amtstierärztliche oder amtstierärztlich bestätigte (Beglaubigung durch den Amtstierarzt muß durch Amtssiegel und Unterschrift erfolgen) Impfbescheinigung gegen Tollwut vorgelegt werden. Anerkannt wird für die Tollwutschutzimpfung ein 12monatiger Impfschutz. Die Impfung

muß mindestens 30 Tage vor Einreise erfolgt sein.

Finnland
Gesundheitszeugnis, Einfuhrgenehmigung des Finnischen Landwirtschaftsministeriums (Maatalousministeriö, Eläinlääkintöosasto, Ritarikatu 2B, Helsinki, Abtl. für Veterinärwesen), Schutzimpfungen gegen Tollwut mit einem inaktivierten Tollwutimpfstoff sowie gegen Staupe, 4 Monate Unterbringung in einer Quarantänestation, anschließend 2 Monate Heimquarantäne. Impfung mindestens 21 Tage vor Einreise. Anerkannt wird ein einjähriger Impfschutz. Durch Untersuchung muß nachgewiesen sein, daß das Tier wurmfrei ist. Hundewelpen, die weniger als 12 Wochen alt sind, wird im allgemeinen ebensowenig wie Katzen die Einreise gestattet.

Frankreich
Für Hunde, die bei Einreise älter als 3 Monate, aber jünger als 1 Jahr sind, ist eine tierärztliche Bescheinigung über die Impfung gegen Tollwut, Staupe und ansteckende Leberentzündung beim Grenzübertritt vorzulegen. Die Impfung muß 30 Tage vor Einreise erfolgt sein. Anerkannt wird ein einjähriger Impfschutz. Für über 1 Jahr alte Hunde wird wie bisher nur die Tollwutschutzimpfung verlangt. Die Mitnahme von Hunden, die jünger als 3 Monate sind, muß von den französischen Veterinärbehörden: Direction des Services Vétérinaires, 5, rue Ernest-Renan, F-92130 Issy-les-Moulineaux, genehmigt werden.

Griechenland
Bescheinigung über das Freisein von ansteckenden Krankheiten. Hunde sind gegen Tollwut zu impfen. Die amtstierärztliche Bescheinigung soll in englischer Sprache abgefaßt sein. Das Gesundheitszeugnis ist von einem Griechischen Konsulat zu beglaubigen. Anerkannt wird ein einjähriger Impfschutz gegen Tollwut.

Großbritannien
Einfuhr von Hunden nur nach vorher erteilter Genehmigung. Einzelheiten können beim Britischen Konsulat erfragt werden.
Die Einfuhr ist mit einer sechsmonatigen Quarantäne verbunden.

Irland
Siehe Großbritannien. Die Einfuhrgenehmigung ist beim Department of Agriculture, Dublin, Ireland, zu erfragen.

Italien
Impfung gegen Tollwut. Gesundheitszeugnis. Beides muß amtstierärztlich bescheinigt sein. Anerkannt wird für die Tollwutschutzimpfung ein 11monatiger Impfschutz. Die Impfung muß mindestens 20 Tage vor Einreise erfolgt sein. Das Gesundheitszeugnis hat eine Gültigkeit von 30 Tagen.

Jugoslawien
Impfung gegen Tollwut mit einem zugelassenen Impfstoff. Gesundheitszeugnis. Beide Zeugnisse müssen amtstierärztlich bescheinigt sein. Anerkannt wird für die Tollwutschutzimpfung ein 6monatiger Impfschutz. Die Impfung

muß mindestens 15 Tage vor Einreise erfolgt sein.

Luxemburg
Es gelten die gleichen Bestimmungen wie für Belgien.

Marokko
Tollwut-Impfbescheinigung und amtstierärztliches Gesundheitszeugnis.

Niederlande
Es gelten die gleichen Bestimmungen wie für Belgien.

Norwegen
Einfuhrgenehmigung von der Veterinärabteilung des Norwegischen Landwirtschaftsministeriums. 4 Monate Quarantäne und 2 Monate Hausquarantäne.

Österreich
Tierärztliches Gesundheits- und Tollwutimpfzeugnis. Die Impfung muß mindestens 30 Tage, darf aber nicht länger als 1 Jahr zurückliegen. Aus dem Zeugnis muß u.a. der Name des Impfstoffes, des Impfstoffherstellers sowie das Produktionszeichen (K.-Nummer) hervorgehen. Die Ein-oder Durchreise von ungeimpften Hunden ist verboten. Diese Bestimmungen haben keine Gültigkeit bei Zwischenlandungen mit Hunden im Luftverkehr sowie für Blindenhunde.

Portugal
Impfung gegen Tollwut. Gesundheitszeugnis. Beide Zeugnisse müssen amtstierärztlich bescheinigt sein. Anerkannt wird für die Tollwutimpfung ein einjähriger Schutz. Die tierärztliche Untersuchung soll unmittelbar vor der Ausreise erfolgen.

Rumänien
Amtstierärztliches Gesundheitszeugnis, nicht älter als 10 Tage, und Tollwutimpfbescheinigung. Die Impfung muß mindestens 1 Monat, darf aber für die Wiedereinreise in die Bundesrepublik nicht länger als 12 Monate zurückliegen.

Schweden
Es gelten die gleichen Bedingungen wie für Norwegen. Einfuhrgenehmigung vom Kungl. Veterinärstyrelsen, Stockholm. Dem Antrag ist das Gesundheitszeugnis eines beamteten Tierarztes, das vom Konsulat beglaubigt sein muß, beizufügen.

Schweiz
Impfung gegen Tollwut. Gesundheitszeugnis. Die Bescheinigung des Impftierarztes ist ausreichend. Anerkannt wird für die Tollwutimpfung ein einjähriger Schutz. Es sind die Art des Impfstoffes, der Name des Herstellers sowie die Chargennummer des Impfstoffes anzugeben. Die Impfung muß mindestens 30 Tage vor Einreise erfolgt sein. Beim Durchreiseverkehr per Eisenbahn oder Flugzeug ohne Zwischenaufenthalt gelten keine Einschränkungen.

Sowjetunion
Amtstierärztliches Gesundheitszeugnis, nicht älter als 10 Tage.

Spanien
Amtstierärztliches Tollwutimpfzeugnis. Die Impfung muß mindestens einen

Monat vor Einreise erfolgt sein. Wird sie vor Ablauf des 3. Lebensmonats durchgeführt, gilt ein 6monatiger, nach dem 3. Lebensmonat ein 12monatiger Ansteckungsschutz. Tiere unter 2 Monaten sind von der Impfpflicht befreit. Die Impfbescheinigung muß folgende Angaben enthalten: Tierart, Rasse, Geschlecht, Alter, Farbe, ggf. besondere Merkmale des Tiers, Namen und Anschrift des Tierhalters sowie des Impfarztes, Impfdatum, Herstellungs- und Verfalldatum, Chargen-Nummer sowie Name des Impfstoffherstellers. Tiere, für die beim Grenzübertritt keine Bescheinigung vorgelegt werden kann, unterliegen einer 20tägigen Quarantäne. Anschließend erfolgt bei gesunden Tieren auf Kosten des Tierhalters eine Tollwutschutzimpfung.

Tschechoslowakei

Gesundheitszeugnis – höchstens 2 Tage vor der Ankunft in der CSSR ausgestellt – mit der Bescheinigung, daß in den letzten 90 Tagen im Heimatort einschl. Umkreis von 40 km keine Tollwut aufgetreten ist. Bei der Durchreise genügt ein Gesundheitszeugnis.

Ungarn

Bescheinigung eines beamteten Tierarztes über Gesundheitszustand des Tieres, Tollwutfreiheit des Herkunftsortes und Umgebung von 20 km seit 3 Monaten, Anschrift des Tierhalters bzw. des Reisenden. Schutzimpfung gegen Tollwut wird nicht gefordert. Wenn das Tier geimpft ist, Impfzeugnis mitnehmen.

USA

Bei Hunden Impfung gegen Tollwut mit einem amtlich zugelassenen Impfstoff. Das Zeugnis muß amtstierärztlich bescheinigt sein. Anerkannt wird bei Anwendung eines inaktivierten Impfstoffes ein einjähriger Impfschutz. Die Imp-

Aus Sicherheitsgründen gehört ins Auto ein Trenngitter, hier »Marke Eigenbau«.

fung muß 30 Tage vor Einreise erfolgt sein. Für Hunde unter 3 Monaten wird eine Hausquarantäne (höchstens 4 Monate) angeordnet. Für einzelne USBundesstaaten gelten darüber hinaus Sonderbestimmungen, die bei der Einreise in diese Staaten überwacht werden. Auskünfte hierüber bei den Konsulaten der USA.

Wiedereinreise in die Bundesrepublik
An der Grenze zur Bundesrepublik muß eine vor der Ausreise ausgestellte amtliche Identitätsbescheinigung für Hunde vorgelegt werden. Der ordnungsgemäß ausgefüllte Impfpaß wird anerkannt. Bei der Einreise aus der DDR benötigen Tierhalter, die höchstens drei Hunde mitnehmen, keine viehseuchenrechtliche Genehmigung mehr. Es genügt ein vom Tierarzt ausgestellter Impfpaß oder die tierärztliche Bescheinigung über eine noch wirksame Tollwutschutzimpfung.

Da die Bestimmungen der einzelnen Länder kurzfristig geändert werden können, empfiehlt sich das Einholen einer Auskunft bei den Reisediensten der Automobilclubs, den jeweiligen Konsulaten oder dem zuständigen Veterinäramt.

Der Hund im Auto

Der Hund, der von klein auf im Auto mitfahren durfte, entwickelt sich meist zu einem leidenschaftlichen Autofahrer. Wenn der Hund jedoch unmittelbar nach Besteigen des Autos unruhig wird und speichelt, hat das nur eine Ursache, und das ist Angst. Das Erbrechen während der Fahrt kann hingegen auch auf die Fahrbewegungen zurückzuführen sein oder darauf, daß der Hund vor Fahrtantritt gefüttert wurde. Das kann auch bei einem Hund, der Autofahren gewohnt ist, der Fall sein.

Um den Welpen und auch einen älteren Hund an das Autofahren zu gewöhnen, setzt man ihn unter Streicheln und gutem Zureden in das Auto, ohne aber loszufahren. Nach mehreren Wiederholungen kann die erste Fahrt erfolgen und zwar zunächst nur über eine kurze Strecke, erst allmählich wird die Fahrtdauer gesteigert. In ganz hartnäckigen Fällen von Reisekrankheit hilft ein entsprechendes Medikament.

Aus Sicherheitsgründen gehört der Hund auf den Rücksitz des Autos. Für Personenkraftwagen ist ein Spezialgitter erhältlich, das den Fahrer vor unliebsamen Annäherungsversuchen des Hundes während der Fahrt schützt.

Es ist darauf zu achten, daß kein Fahrtwind an den Hund gelangt. Auch wenn er gern den Kopf während der Fahrt aus dem Fenster steckt, sollte dies, um Augenentzündungen vorzubeugen, unterbunden werden.

Eine Unterbrechung der Fahrt etwa alle zwei Stunden, bei der man den Hund herausläßt, ist angezeigt. Auch empfiehlt sich das Mitnehmen einer Thermosflasche mit Wasser, falls der Hund Durst bekommt.

Bleibt der Hund einmal allein im Wagen, muß man zwei gegenüberliegende Fenster einen Spalt weit offen lassen, damit Frischluft in den Wagen gelangt und zirkulieren kann.

Selbstverständlich wird nur an schattigen Parkplätzen gehalten.

Ernährung

Futter- und Wasserschüssel

Zu einem »Hundehaushalt« gehören selbstverständlich auch eine Futterschüssel und eine Wasserschüssel. Die Futterschüssel wird nur nach einem genauen Zeitplan aufgestellt, der sich nach den Mahlzeiten richtet. In der anderen Schüssel wird das Trinkwasser angeboten, wobei sich das Bereitstellen jeweils nach den einzelnen Futterarten richtet. Bei Fütterung von Trockenfertigfutter beispielsweise ist der Flüssigkeitsbedarf größer als bei herkömmlichem Futter. Aber auch das Wasser steht nicht zur beliebigen Aufnahme ständig zur Verfügung. Beim jungen Hund verführt der gefüllte Wassernapf zu Spielereien und ohne wirkliches Durstgefühl wird aus Langeweile daran herumgeschlabbert. Vielmehr sollte der Hundehalter einen Blick dafür entwikkeln, wann sein Hund einer Tränkung bedarf. Eine größere Wasserration ist z.B. bei sehr heißer Witterung, nach ausgedehnten Spaziergängen und nach Trockenfutter vonnöten. Die rationierte Wasserzufuhr obliegt also der menschlichen Kontrolle.

Die Schüsseln für den Hund werden nicht etwa ausgedientem Hausrat entnommen; im Handel sind Schüsseln mit hoher Lebenserwartung erhältlich, die zudem eine solide Standfestigkeit aufweisen. Diese einmalige Anschaffung ist nötig, denn die Beschaffenheit der Schüsseln muß zum einen so robust sein, daß sie auch dem Tatendrang eines Welpen standhält und auch nicht umgeworfen werden kann.

Die Hundeschüsseln sind stets peinlich sauberzuhalten.

Futterzeiten

Bis zum Alter von 3 Monaten erhält der Welpe täglich vier Mahlzeiten innerhalb eines Zeitintervalls von 4–5 Stunden. Im Alter von 3–6 Monaten sind täglich drei Mahlzeiten zu verabreichen, bis zu einem Jahr geht man auf zwei Mahlzeiten über, beim ausgewachsenen Hund genügt eine Fütterung am Tag. Hundekuchen oder ein Stück trokkenes Brot kann morgens und nachmittags als Zwischenmahlzeit gegeben werden.

Die einmal eingeführten täglichen Futterzeiten sind exakt einzuhalten.

Futterreste dürfen nicht bis zur nächsten Mahlzeit stehenbleiben, sondern werden entfernt. Was in etwa zehn Minuten nicht aufgefressen ist, wird weggenommen, frischgehalten und zur nächsten Mahlzeit nochmals angeboten.

Nur so erzieht man seinen Hund zum »guten Fresser« und nicht zu einem verwöhnten Tier, das nie richtigen Appetit hat.

Fütterung

Wenn der Welpe abgeholt wird, läßt sich der angehende Hundebesitzer vom Züchter genau erklären, womit und wie der kleine Hund bisher gefüttert wurde, um nicht durch eine plötzliche Umstellung der Kost Magen-Darmstörungen auszulösen. Erst allmählich kann die Ernährungsweise so verändert werden, daß sie den Möglichkeiten der eigenen Futterbeschaffung und -verabreichung entspricht.

Zu bedenken ist, daß sich ein starkes Wachstum gerade auf die ersten sechs Lebensmonate des Hundes erstreckt und Versäumnisse während dieser Zeit später nicht wieder aufzuholen sind. In diesem Lebensabschnitt wird der Grundstock für ein gesundes Leben gelegt.

Immerhin benötigt der heranwachsende Welpe die doppelte Nahrungsmenge, berechnet auf das kg-Körpergewicht, wie ein ausgewachsener Hund. Um den kleinen Magen nicht zu überladen, sind die Fütterungen auf mehrere Mahlzeiten zu verteilen.

Der von der Mutter entwöhnte Welpe verlangt schon bald nach handfester Kost, also nach einer gehörigen Ration Fleisch, da Hunde von Natur aus nun einmal Fleischfresser sind. Das ist wohl ein Erbe ihrer Wolfsahnen, die zwar nicht regelmäßig ernährt und gefüttert wurden wie die domestizierten Hunde, aber dennoch alles, was für sie lebensnotwendig war, auf natürlichem Wege durch ihre Beute erhielten. Die Beutetiere wurden in großen Stücken samt Magen und Eingeweiden mit dem darin enthaltenen Speisebrei – auch pflanzlicher Herkunft – verzehrt. Deshalb genügt für den Hund nicht eine ausschließliche Fleischfütterung; all das, was dem domestizierten, zivilisierten Hund an sonstigen natürlichen Futterstoffen nicht zugänglich ist, muß zugefüttert werden.

Das erste Futter für den abgesetzten Welpen besteht aus Hackfleisch, wobei kein rohes Schweinehack Verwendung finden darf. Auch Fertigprodukte aus der Dose lassen sich unter Zugabe von einem Eigelb, etwas Gemüse- oder Knochenbrühe zu einer willkommenen Mahlzeit verarbeiten. Quark ist ein guter Proteinspender, ist jedoch nur in Maßen zu verwenden. Neben einem hohen Kalziumgehalt besitzt Quark nämlich auch viel Phosphor, so daß er bei Unterfunktion der Nebenschilddrüse nicht verfüttert werden sollte.

Allmählich wird von Hackfleisch auf kleingeschnittenen Pansen (Rindermagen) umgestellt. Gerade der Blättermagen enthält durch das aufgenommene Grün wertvolle Vitamine und Spurenelemente; aber es ist nicht jedermanns Sache, ihn ungeputzt mitsamt seinem Inhalt zu verfüttern.

Bei ausgewogener Zusammensetzung der Ernährung bezieht der Hund alle notwendigen Vitamine aus der Nahrung. Vitamin A kommt vor in Leber und Niere der Schlachttiere, ebenso wie im Lebertran. Die Vitamine der B-Gruppe finden sich in Milch, Eiern, Schweinefleisch, Leber, Haferflocken, Vollkornbrot und vor allem in der Bierhefe. Hingegen muß das antirachitische Vitamin D_2 oder D_3 in Form von Lebertran zugefüttert werden. Dabei ist wichtig, die genaue Anweisung auf der jeweiligen Packung einzuhalten, da übermäßige Vitamin D-Gaben auch schädlich sein und zur Entkalkung der Knochen führen können. Für die Knochenbildung kommt es auf das richtige Calcium-Phosphor-Verhältnis, wie es in Knochenmehl zu finden ist, wesentlich an. Knochenmehl kann aber auch, ebenso wie Nieren und Milz, je nach Empfindlichkeit des Hundes abführend wirken.

Da Lunge überhaupt keinen Nährwert besitzt, ist sie höchstens dazu geeignet, einem überfütterten Hund als Diät den Magen zu füllen.

Gelegentliche Beigaben von Leinsamenmehl erhalten das Fell schön glänzend.

Ohne Eiweiß ist ein Leben praktisch nicht möglich. Hochwertiges und leichtverdauliches Eiweiß ist in Muskelfleisch, Innereien, Fisch, Milch und in Milchprodukten (Käse und Quark) sowie in Eiern enthalten. Sehr eiweißreich ist auch Trockenfisch, der hier und da im Handel angeboten wird. Weniger wertvolles Eiweiß ist in Knorpel, Schwarten und Knochen enthalten. Pflanzliche Eiweißträger sind Haferflocken, Reis, Vollkornbrot und Sojamehl.

Der zweite Grundnährstoff sind die Kohlenhydrate, die in der Natur in größeren Mengen in den Pflanzen vorkommen sowie auch in Pflanzenprodukten, wie Mehl, Brot, Reis, Teigwaren oder Zucker. Da das Verdauungssystem des Hundes jedoch pflanzliche Nahrung weniger gut ausnutzen kann, müssen solche Pflanzenprodukte zur Fütterung gelangen, die am besten verwertet werden, wie gekochte Haferflocken, gekochter Reis und Gemüse.

Auch Fett muß in der Hundenahrung enthalten sein und sollte nicht weniger als 5% der Gesamtfuttermenge betragen, zumal es zur Aufnahme der wichtigen Vitamine A, D und E notwendig ist.

Der im Wachstum befindliche Hund hat einen hohen Kalkbedarf. Die angebotene Kalkmenge darf 10% der Gesamtfuttermenge nicht unterschreiten. Kalktabletten für Kinder eignen sich weniger für Hunde, da sie zu wenig Calciumphosphat enthalten. Das Verhältnis von Calcium zu Phosphor im Futterkalk sollte etwa 2,3 zu 1,0 Anteile betragen. Bei der Verabreichung von Lebertran oder Vigantol und einem Kalkpräparat ist ebenfalls auf die genaue Dosierung zu achten. Ein Zuviel kann ebenso schädlich sein wie ein Zuwenig!

Die größeren Welpen können einen weichen Kalbsknochen erhalten. Andere Knochen sind auch für den erwachsenen Hund ungeeignet. Harte Röhrenknochen von Geflügel vermögen durch Knochenabsplitterung schwere Darmverletzungen zu verursachen, auch Kotelettknochen können sich in der Speiseröhre festsetzen und Schäden herbeiführen. Beim Junghund können durch harte Knochen Mißbildungen der noch weichen Zähne auftreten. Beim Halten von mehreren Hunden sind Knochen zudem häufig der Anlaß zu Raufereien. Der Nährwert der Knochen ist nicht so groß, wie allgemein angenommen wird. Da sie zudem noch schwer verdaulich sind, dürfen sie wegen ihrer stopfenden Wirkung ohnehin nur in geringen Mengen verabreicht werden. Wertvoll sind sie allenfalls für die Gebißpflege und -reinigung. Da erfüllt ein präparierter, im Fachhandel erhältlicher Rinderhuf den gleichen Zweck.

Der vom Hund benötigte Bedarf an Nahrung wird in Kalorien gemessen. Hierbei muß unterschieden werden, ob der Hund Leistung zu erbringen hat – also arbeitet – oder ob er lediglich ein sogenanntes Erhaltungsfutter benötigt. Wie schon erwähnt, braucht der Junghund bis zum Alter von 6 Monaten das Doppelte an Energiebedarf im Verhältnis zu einem ausgewachsenen Hund des gleichen Körpergewichts.

Der Kalorienbedarf eines nicht sonderlich beanspruchten Hundes beläuft sich bei einem Gewicht von 30 kg auf 1690 Kalorien pro Tag. Bei stärkerer Forderung verbraucht er fast die doppelte Kalorienmenge. Aber auch innerhalb einer Rasse gibt es Individuen in bezug auf die Ausschöpfung aller Nähr- und Wirkstoffe und es ist Sache eines jeden Hundebesitzers, seinen Hund durch ständige Gewichtskontrollen bei optimaler Nahrungszufuhr fit zu halten.

Das Erhaltungsfutter für den erwachsenen Hund bis zu einem Körpergewicht von 20 kg beträgt 2% des Körpergewichts an Futtertrockenmasse; Hunde über 20 kg bekommen 1,5% des Körpergewichts. Bei einem Gewicht von 20 kg beträgt die Trockenmasse demnach 400 gr und bei einem Gewicht von 40 kg 600 gr Trockenmasse. Bei handelsüblichen Futtermitteln ist die Futtertrokkenmasse aufgedruckt.

Aus all dem wird ersichtlich, daß es für den Hundehalter nicht ganz einfach ist, gerade den heranwachsenden Hund mit allen nötigen Nähr- und Aufbaustoffen zu versorgen.

Fertigfutter

Das Beschaffen von Frischfleisch stellt den Hundehalter, besonders in der Stadt und wenn er den Hund einer großen Rasse sein eigen nennt, oft vor Probleme. In solchem Fall kann ohne weiteres auf das vielfältige Angebot der Fertigfutterprodukte zurückgegriffen werden. Diese sind weitgehend in umfangreichen Fütterungsversuchen erprobt und enthalten alles für die Hundeaufzucht und Ernährung Notwendige. Bei eigener Futterzubereitung kann nur schwer die Ausgewogenheit des Fertigfutters erreicht werden.

Hunde, die nur Frischfleisch und Beifutter gewohnt sind, müssen allmählich auf das Fertigfutter umgestellt werden, damit sich die Verdauungsorgane darauf einrichten und es nicht zu Verdauungsstörungen kommt.

Die Hersteller solcher Futtermischungen kennen die ernährungsphysiologischen Grundlagen, d.h. den Bedarf des Hundes an den verschiedenen Nähr- und Wirkstoffen, und sie wissen genauer als jeder Hundehalter über die Einzelfuttermittel Bescheid, aus denen die Mischungen zusammengestellt werden. Die einzelnen Bestandteile werden in den Futtermittelfabriken vor der Verarbeitung ständig auf ihren Gehalt an Eiweiß, Fett und auch Mineralstoffen und Vitaminen überprüft.

Bei handelsüblichem Fertigfutter wird zwischen Vollnahrung und Beifutter unterschieden. Vollnahrung enthält alle notwendigen Nähr- und Wirkstoffe in den entsprechenden Mengen. Beifutter sind z.B. Hundeflocken, Hundekuchen oder Trockenfleisch. Vollnahrung wird in getrockneter Form oder in Dosen angeboten. Dosenfutter enthält die gleichen Futtermittel, die auch in der herkömmlichen Hundeernährung Verwendung finden, also vorwiegend Fleisch, Fleischbestandteile und Innereien, auch – allerdings in geringen Mengen – Getreideprodukte und Gemüse.

Zu Trockenfutter werden u.a. Fleischmehl, Fischmehl, Trockenfleisch, Milchprodukte, Soja, Hefe und

Schönheit des Fells verlangt auch ihre Pflege, insbesondere bei langhaarigen Rassen wie dem King Charles Spaniel, dem Pekinesen und Yorkshire Terrier.

verschiedene Getreidesorten wie Mais, Weizen und Hafer verarbeitet. Trockenfutter verdaut der Hund genauso gut wie Frischfutter. Er hat nur einen größeren Wasserbedarf, da der fehlende Wasseranteil im Futter zusätzlich aufgenommen werden muß (Trockenfutter enthält etwa 10% Wasser, Frischfleisch 70–80%).

Das als Preßfutter im Handel befindliche Trocken-Fertigfutter enthält ebenfalls ein ausgewogenes Eiweiß-Kohlenhydrat-Fett-Verhältnis mit 25–40% Fleisch. Dieses Futter eignet sich auch ausgezeichnet für die Reise.

Ansonsten braucht dem Hund dann nur ausreichend Wasser verabreicht zu werden.

Pflege

Für das Wohlbefinden des Hundes und letztendlich für seine Gesundheit ist die Pflege des Fells unerläßlich. Das tägliche Bürsten entfernt sowohl bei kurzhaarigen als auch bei langhaarigen Rassen den Staub und regt das Haarwachstum an.

Kurzhaarige Rassen sind in jedem Fall pflegeleichter als langhaarige, und daran sollten sich auch die Überlegungen vor dem Kauf eines Hundes orientieren.

Das Bürsten des kurzhaarigen Hundes geschieht mit einer harten Borstenbürste und zwar zunächst gegen den Strich, d.h. von hinten nach vorn. Mit einer Bürste, deren Borsten aus Gummi bestehen (im Fachhandel erhältlich sind für diesen Zweck Gummihandschuhe mit Noppen), wird anschließend von vorn nach hinten – entsprechend dem Verlauf des Haares – nachgebürstet. Ein Nachreiben mit einem Woll- oder Frottiertuch sorgt für Glanz des Felles.

Das Fell des langhaarigen Hundes bedarf einer Bürste mit langen Borsten oder einer weichen Drahtbürste mit Naturborstenrand. Gerade für den langhaarigen Hund bedeutet das tägliche Bürsten eine Wohltat und nicht zuletzt der Hundebesitzer selbst (vielmehr die Hausfrau) ist froh darüber, wenn der Winterpelz nicht überall in der Wohnung abgeschüttelt wird.

Ein Kamm darf beim Hund mit langem Haar nur dann Benutzung finden, wenn dieser mit sehr weit auseinanderstehenden, abgerundeten Zähnen versehen ist, da ein engzahniger Kamm auch gesundes Haar mit herausziehen kann. Mit dem richtigen Kamm vermag man gegen verfilztes Haar anzugehen, was aber bei regelmäßigem Bürsten erst gar nicht auftritt.

Rauhhaarige Rassen werden täglich gebürstet, und außerdem von Zeit zu Zeit (zweimal im Jahr) geschoren (getrimmt), was tunlichst ein Fachmann besorgen sollte.

Nur wenn sich der Hund im Schmutz gewälzt hat und Düfte, die der menschlichen Nase zuwider sind, nach Hause bringt, ist ein Vollbad erforderlich. Abgesehen davon, daß sich der Hund in der warmen Jahreszeit selbst im Wasser Abkühlung verschafft, ist Baden nur sehr selten nötig, auch nicht sehr nützlich, weil es die natürliche Befettung in Hautnähe beseitigt und das Haar eher trocken und harsch werden läßt. Sollte dennoch ein Bad für notwendig erachtet werden, so ist dies mit einem milden Hundeshampoo oder alkalifreiem Kindershampoo vorzunehmen. Alkalihaltige Seifen und ähnliche Waschmittel dürfen keinesfalls Verwendung finden, da sie außer Juckreiz erhebliche Hautveränderungen hervorrufen können. Das Badewasser sollte ca. 35 °C warm sein. Augen und Ohren des Hundes sind vor Wasser zu schützen.

Nach dem Baden muß der Hund gut abfrottiert und eventuell trockengeföhnt werden. Daß er jetzt für 2–3 Stunden nicht spazierengehen darf und an einen warmen und zugfreien Platz verbracht wird, sollte selbstverständlich sein.

Der Ohrenpflege des Hundes muß besondere Beachtung geschenkt werden, da bei Vernachlässigung doch häufig Ohrerkrankungen auftreten. Auch wenn keine Krankheitszeichen festzu-

Wichtig für die Pflege sind Kamm, Bürste und Krallenzange.

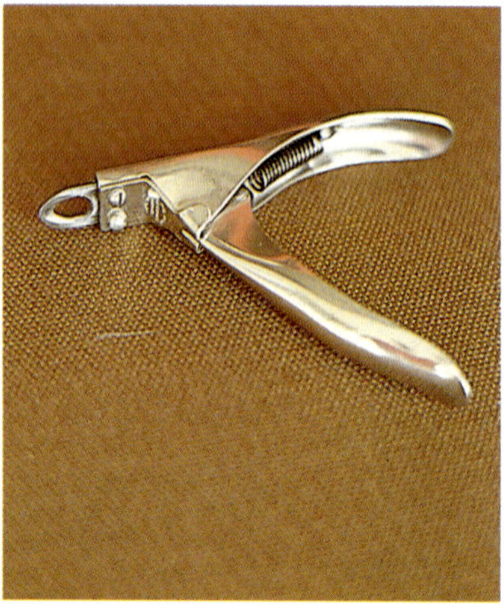

stellen sind, müssen die Ohren regelmäßig kontrolliert werden. Hunde mit Hängeohren und starker innerer Behaarung bedürfen besonders aufmerksamer Beobachtung, da nur wenig Luft in ihre Ohren gelangt.

Der äußere Gehörgang wird alle 14 Tage mit einem in Babyöl getränkten Wattebausch sorgsam gereinigt. Man kann aber auch ein selbsttätiges Ohrreinigungsmittel in das Ohr einfüllen und den Gehörgang leicht massieren. Ohrreiniger und gelöstes Ohrenschmalz fördert der Hund sodann nach kräftigem Ausschütteln selbst zutage.

Bei ersten Anzeichen von Schmerzen im Ohr ist der Tierarzt zu Rate zu ziehen.

Die Pflege der Augen beschränkt sich auf ein morgendliches Auswischen von außen nach innen mittels eines nicht fusselnden, feuchten Leinentuches.

Wenn regelmäßig Hundekuchen verabreicht wird, erübrigt sich ein Putzen der Zähne. Weiche Beläge entfernt man mit einem Wattebausch, der mit 3%iger Wasserstoffsuperoxydlösung getränkt wurde. Zahnsteinbildung, die zu Entzündungen des Zahnfleisches führen kann, und besonders starke Ablagerungen muß von Zeit zu Zeit der Tierarzt entfernen.

Viel Bewegung auf festem Boden sorgt meist ausreichend dafür, daß die Krallen nicht zu lang wachsen. Müssen sie gekürzt werden, empfiehlt sich hierfür eine eigens für Hunde entwickelte Zange, die die Kralle nicht zusammendrückt und von vorn her den Nagel schräg abnimmt, ohne dem Hund Schmerzen zuzufügen. Sprödes Horn kann mit warmem Wasser aufgeweicht werden.

Auch auf eventuell eingetretene Fremdkörper ist bei der Pfotenpflege zu achten.

Erziehung

Ein Hundehalter, der seinen Hund fern von jeglicher Erziehungsmaßnahme – gewissermaßen antiautoritär – aufwachsen lassen möchte, sollte bedenken, daß ein solcher Hund nicht nur dem Herrn selbst, sondern auch den Mitmenschen Ärger bereitet, wenn er tun und lassen kann, was er will. Um ein ersprießliches Miteinander zu gewährleisten, ist es daher notwendig, den Hund einer Erziehung zu unterziehen, zumindest sollte er gewisse »Anstandsregeln« beherrschen. Ein wohlerzogener Hund ist eine Freude für alle Beteiligten und auch bei Nichthundefreunden erregt er kein Unbehagen.

Mit dem Erwerb eines Hundes übernimmt der neue Besitzer geradezu die Verpflichtung, seinen Hund so zu erziehen, daß er sich problemlos in die Umwelt integriert. Sicher, dazu sind seitens des Herrchens (oder Frauchens) unendlich viel Zeit und Geduld aufzubringen, bis der Hund so weit ist, daß man ihn anstandslos überallhin mitnehmen kann. Manch einer macht es sich leicht und lehnt jegliche Erziehung seines Hundes ab mit der Begründung, gerade seine Rasse sei nicht zu erziehen. So einfach liegen die Dinge nun aber doch nicht. Wenngleich zugegeben werden muß, daß es schwer und leicht erziehbare Hunde gibt, so sind sie doch allesamt einer Erziehung zugänglich.

Wer die Arbeit der Hundeausbildung scheut – und das ist meist bei ehrlicher Betrachtung der Grund der angeblichen Unerziehbarkeit – kann seinen Hund in einer guten Hundeschule erziehen und ausbilden lassen. Zuvor sollte man sich aber über die dort angewandten Erziehungsmethoden informieren. Manche solcher Schulen legen Wert darauf, den Hundebesitzer an seinem Hund zu schulen, was sehr sinnvoll erscheint. Was nützt sonst der gut von einer Hundeschule erzogene Hund, wenn sich das Herrchen – und sei es auch nur aus Unkenntnis – nicht nach den dort gepflogenen Ausbildungsmaßstäben und -kriterien richtet.

Was aber soll der Hund nun eigentlich lernen und was ist unter Umständen für den Hund selbst wichtig?

Daß er »Pfötchen-gibt« und ähnliche Kunststücke beherrscht, ist sicherlich nett und possierlich anzusehen, aber weder für den Hund noch für seinen Herrn von irgendwelcher praktischen Bedeutung, wenngleich das Gehorchen auf jedweden Befehl anerkannt werden muß.

Das erste Gebot der Erziehung ist die Stubenreinheit des Hundes, eine Forderung, die auch alle Hundebesitzer einsehen und akzeptieren. Auch daß der Hund nicht immer frei laufen kann und deshalb lernen muß, an der Leine zu folgen, betrachtet man noch als notwendiges Übel. Schwieriger hingegen wird es schon, wenn der Hund bei Fuß gehen soll. Häufig entsteht vielmehr der Eindruck, als führe der Hund seinen Herrn aus und nicht umgekehrt, so sehr zerrt der Hund an der Leine. Ein solcher Anblick spricht nicht gerade für den Herrn und von einer durchgemachten Erziehung ist da wenig zu spüren.

»Sitz« und »Platz« sind Kommandos, die dem Hund in Fleisch und Blut übergehen müssen. Manch unliebsame Situation, wie etwa eine bevorstehende Rauferei mit einem Artgenossen kann damit noch gerettet werden.

Dieses Bild zeigt, wie man den Welpen richtig hochhält.

Der Hund muß auch lernen, alleinzubleiben, er soll seiner Freude nicht durch Hochspringen am Menschen Ausdruck verleihen und auf den Befehl »Aus« hat er alles, was er auch gerade im Fang haben sollte, fallenzulassen.

Diese Lektionen gilt es, dem Hund frühestmöglichst beizubringen ebenso wie das unverzügliche Herbeikommen auf Ruf eine selbstverständliche Unterordnungsübung bedeutet.

Es erweist sich als angezeigt, bereits den kleinen Welpen in spielerischer Form zu lenken, denn was das kleine, drollige Kerlchen als erlaubt erfährt, kann dem erwachsenen Hund nur noch schwerlich abgewöhnt und verboten werden. Schon sehr bald geschieht das Anrufen des Welpen bzw. Junghundes mit seinem Namen, wie überhaupt alle Dinge, die erlernt oder erkannt werden sollen, stets mit der gleichen Bezeichnung zu nennen und diese Bezeichnungen das ganze Hundeleben über konsequent beizubehalten sind. So kann beispielsweise für das Zurückkommen zum Herrn das Kommando »Hier her«, »Komm her« oder »Ran da« gewählt werden. Das gilt ebenso für alle späteren Lektionen. Immer ist das gleiche prägnante Kommando-Wort während einer zu absolvierenden Übung anzuwenden, damit der Hund begreifen kann, was man von ihm verlangt. Werden die Worte aber ständig verändert, ist ihm dies unmöglich und er wird am Ende nur verunsichert.

Unendlich viel Einfühlungsvermögen und Verständnis sind vonnöten, um zu ergründen, ob und mit wieviel Härte bei der Hundeerziehung vorgegangen werden darf. Mit Gewalt geht hierbei nichts! Ein Hund, der nur aus Angst vor seinem Herrn »pariert«, ist in Wirklichkeit ein Duckmäuser, was zudem einer gewissen Gefährlichkeit im Umgang mit den Menschen nicht entbehrt. Hartes Durchgreifen zur Festlegung der Führungsposition – wenn nötig – hat nichts mit Gewalt zu tun. Güte allein tut's freilich auch nicht, ist aber im Gegensatz zur Gewalt nie fehl am Platze.

Ein auf der Basis von Liebe, Güte und verständnisvoller Konsequenz erzogener Hund wird seinem Herrn immer ein treu ergebener und gehorsamer Kamerad sein.

Stubenreinheit

Gleich nach dem Einzug des Welpen in sein neues Zuhause heißt es, ihn zur Stubenreinheit zu erziehen. Damit diese erste Erziehungsmaßnahme schon bald von Erfolg gekrönt ist, muß viel

Zeit zur ständigen Beobachtung des Welpen aufgebracht werden. Wer glaubt, gerade in den wichtigen ersten 2–3 Wochen diese Zeit nicht opfern zu können, sollte sich keinen Welpen anschaffen, der noch nicht stubenrein ist. Sinnvoller ist in solchem Fall ein älteres, bereits sauberes Tier.

Es ist sehr unterschiedlich, wie lange einzelne Welpen zum Sauberwerden benötigen. Manche begreifen sehr schnell das von ihnen Geforderte, bei anderen dauert es etwas länger. In 2–3 Wochen sollte der Welpe weitgehend stubenrein sein.

Sofort nach dem Aufwachen des Welpen muß er schnellstens zur Verrichtung seiner Geschäftchen nach draußen gebracht werden. Dies hat vor allem anderen Vorrang und betrifft sowohl das morgendliche Aufwachen als auch das nach einem Schläfchen tagsüber.

Solange der Welpe noch nicht an der Leine mitläuft, wird er hinausgetragen und zwar so, daß bei dem kleinen Hund kein körperlicher Schaden entstehen kann. Sehnen, Bänder und der Knochenapparat sind noch nicht genügend gefestigt und ein Hochziehen an den Vorderbeinen könnte schlimme Folgen haben. Durch Unterfassen unter die Ellbogen entstehen häufig lose Ellen. Auch das oftmals praktizierte Hochnehmen am Nackenfell verursacht insbesondere dem schweren Hund Unbehagen, wenn nicht sogar Schmerzen. Richtig gehalten wird der Hund mit einer Hand unter dem Hinterteil, während die andere den Welpen vor der Brust festhält. Außer nach dem Aufwachen wird der Welpe nach dem Fressen und Trinken hinausgetragen. Auch nach dem Spielen ist meist Gefahr im Anzug.

Wenn immer wieder der gleiche Platz zur Verrichtung der Notdurft aufgesucht wird, tragen die eigene Duftverbreitung, aber natürlich in erster Linie die Gewohnheit dazu bei, daß sich der Welpe an der gleichen Stelle schneller löst. Ging alles nach Wunsch vor sich, darf mit Belobigung nicht gespart werden. Ebenso wie Tadel der Missetat auf dem Fuße folgen muß, sollte man auch die Belobigung unmittelbar aussprechen.

Glücklich schätzen darf sich der Hundebesitzer, dem ein eigener Garten oder zumindest ein Stück Rasen, das vom Hund in Anspruch genommen werden kann, zur Verfügung steht und immer schnell erreichbar ist. Der Großstädter in einem Mehrfamilien-Etagenhaus ohne Aufzug muß dagegen erheblich mehr Zeit investieren, um den Hund herunterzutragen und später, wenn er an der Leine läuft, mit ihm Gassi zu gehen. Bei dem Welpen geschieht dies etwa alle 2 Stunden und es bedarf schon einer genauen Beobachtung, um ja den richtigen Moment nicht zu verpassen. Wird dem Hund nach 16.00 Uhr nichts mehr zu trinken angeboten, kann er es gut die Nacht über aushalten. Am Abend vor dem Zubettgehen gilt noch einmal die letzte Tätigkeit dem Hinausbringen des Hundes.

Teppiche sind anfangs aus dem Aufenthaltsbereich des Hundes zu entfernen. Ist das »Malheur« einmal auf dem Teppichboden passiert, ist dieser gründlichst zu säubern, ebenso wie alle anderen Stellen in der Wohnung, die der Hund möglicherweise beschmutzt. Der

Duft seiner Hinterlassenschaft würde ihn immer wieder dazu animieren, sich weiterhin dort zu verewigen.

Heranführen an den Ort der Missetat und große Schimpfkanonaden haben nur dann eine erzieherische Wirkung, wenn der Übeltäter auf frischer Tat ertappt wird. Im nachhinein ist ein Rügen immer sinnlos, weil der Hund nicht zu begreifen vermag, weshalb man ihn tadelt. Auch wenn nicht zu erwarten ist, daß er sich unmittelbar nach der Missetat noch einmal löst, muß er trotzdem sofort hinausgebracht werden.

Wenn der Hund Gelegenheit hat auszuweichen, beschmutzt er sein Lager normalerweise nicht. Das wirft die Frage auf, ob man durch Anbinden des Hundes dessen Bewegungsradius in der Wohnung nicht etwas einschränken könnte; der Welpe ließe sich zweifelsohne besser im Auge behalten. Es ist aber nicht jedermanns Sache, aus eigener Bequemlichkeit heraus den Hund einer solchen Bewegungseinschränkung zu unterwerfen. Nur in einer sehr großen Wohnung, in der sich der Hund schlecht beobachten läßt, sollte von dieser Möglichkeit Gebrauch gemacht werden.

Wenn es zu beschwerlich ist, den Welpen mehrmals am Tage über mehrere Etagen hinunter- bzw. hinauszutragen, kann man eine Notlösung anwenden, die aber auch nur als solche zu verstehen ist. Innerhalb der Wohnung erhält der Welpe ein Kistchen mit Stroh (auch Torf kann Verwendung finden) zur Verfügung gestellt, bei dem der Rand so niedrig sein muß, daß der Welpe bequem ein- und aussteigen kann. Der Welpe muß nun lernen, sich nur innerhalb der Wohnung im Kistchen zu lösen, was er auch recht schnell begreift. Der Haken dabei ist der, daß man ihm diese Art der Verrichtung später nur sehr schwer wieder abgewöhnen kann und daß auch Einwände bezüglich der Hygiene erhoben werden müssen.

Selbst wenn dem Hund ein Stück Rasen zur Verfügung steht, so muß er sich doch hin und wieder auch auf einem graslosen Stück lösen können, denn während eines Urlaubs oder beim Besuch in der Stadt ist nicht immer ein grünes Plätzchen zu finden.

Nach gründlicher Beobachtung findet der Hundebesitzer bald heraus, wann der Welpe hinaus muß. Schon bevor der Welpe sich zum Niedersetzen anschickt, ist der richtige Zeitpunkt gekommen, ihn hinauszuführen. Ihn erst während des Hinsetzens hochzureißen, könnte bei dem Welpen den Eindruck entstehen lassen, das Geschäftchenmachen sei etwas Verbotenes, so daß er es im Beisein des Herrn künftig eher verhalten wird.

In dem Moment, da der Welpe zur Tür läuft, um kundzutun, daß er herausmöchte, ist die Erziehung zur Stubenreinheit als geglückt zu betrachten.

Einen ausgewachsenen Hund muß man 3–4mal täglich ausführen. Damit Klagen der Mitbürger über von Hunden verunreinigte Bürgersteige gar nicht erst laut werden, muß der Hund von Anfang an lernen, sich im Rinnstein zu lösen. Notfalls bedarf es eines Herunterziehens vom Gehweg. Umweltbewußte Hundebesitzer bedienen sich einer Plastiktüte, um Straßen, Gehwege und Parkanlagen von Verschmutzungen durch Hundekot freizuhalten.

Anlegen einer Halskette: Die Kette gleitet durch den Ring.

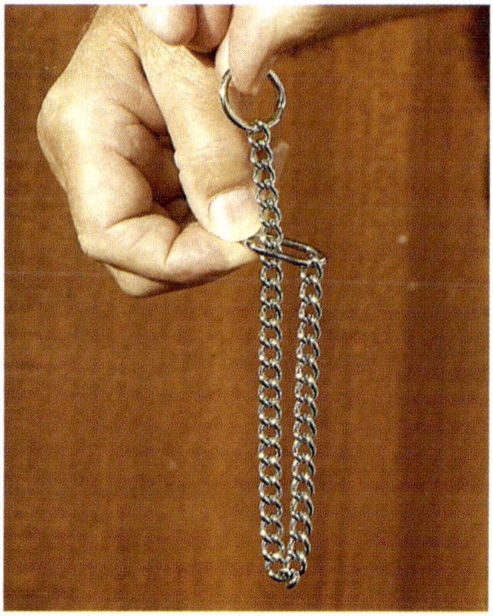

An der Leine gehen

Bevor der Hund leinenführig gemacht wird, muß er zunächst an das Halsband gewöhnt werden. Das bereitet oft Schwierigkeiten und der Hund versucht, das Ungewohnte durch Schütteln loszuwerden. Natürlich nützt das ebensowenig wie der Versuch, das Halsband mit den Pfoten abzustreifen. Wird dem Welpen das Halsband unmittelbar vor dem Fressen angelegt, vergißt er meist sehr schnell angesichts der vollen Futterschüssel das kleine Ärgernis.

Um den Welpen nicht über Gebühr einzuengen, genügt für den Anfang ein einfaches Lederhalsband. Später kann vor allem für größere und starke Rassen die Anschaffung einer Halskette sinnvoll sein. Diese darf nicht zu schmal sein und ist an beiden Enden mit einem Ring versehen. Zum Anlegen gleitet die Kette durch einen der Ringe (s. Abb.), wodurch eine Schlaufe entsteht, durch die der Hundekopf passen muß. Etwa 5 cm Spiel benötigt die Kette, um bequem an- und abgestreift werden zu können. Wenn die Kette zu viel Spiel hat, kann der Hund sie leicht verlieren.

Wird die Leine in dem sogenannten »tätigen« Ring befestigt, bewirkt jeder Zug an der Leine – einerlei ob er nun vom Hund oder dem Führer ausgeht – einen würgenden Zug am Hundehals, der sich mit dem Nachlassen des Zuges wieder lockert. Bei korrekt angelegtem Zughalsband verläuft das lose Ende, in welches die Leine geklinkt wird, über dem Nacken des Hundes. So läßt sich im Bedarfsfall der gewünschte Zug erreichen und wieder lockern. Bei nach unten zeigender Zugrichtung hingegen ist dies nicht möglich; die Kette vermag sich nicht wieder zu lockern und bleibt auch bei lose durchhängender Leine gespannt.

Bei Einhaken der Leine in den »toten« Ring ist von vornherein ein würgender Zug nicht möglich. Meist erzielt bereits ein Ruck nach oben eine effektive Wirkung.

Es muß jedem Hundebesitzer unbenommen bleiben, zu entscheiden, welche Art des Anleinens er bevorzugt, d.h. welche für seinen Hund die richtige und notwendige ist. Bei der zuletzt beschriebenen Methode des Einhakens der Leine ist keinerlei Drosselung möglich, während im anderen Fall das Zughalsband – zumindest in einer unkundigen Hand – zu einem wahren Marterwerkzeug für den Hund werden kann. Die Zugkette sollte überhaupt nur dann Einsatz finden, wenn es bei Nichtaus-

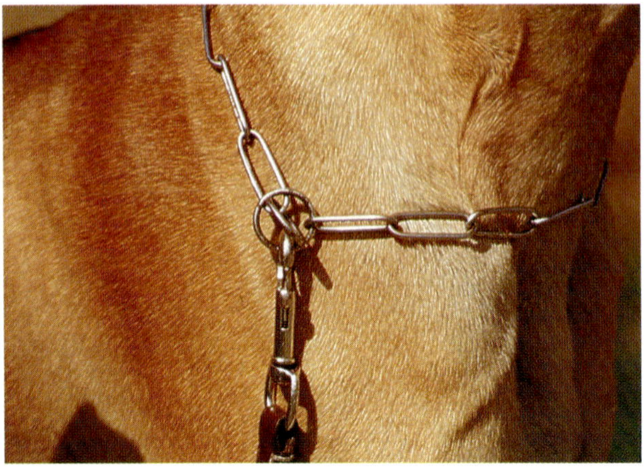

Die Leine wird in den »toten« Ring des Halsbandes eingeklinkt.

führen eines bestimmten Befehls angeraten erscheint.

Noch ein Wort zum sogenannten Stachelhalsband, das meist die Hilflosigkeit und Schwäche des Herrn demonstriert und weniger das vermeintliche schwierige Halten des Hundes. Der Hund, der von klein an einer systematischen Erziehung unterzogen wurde, bedarf des Stachelhalsbandes nicht. Er geht brav an der Leine und »Bei Fuß«, er begegnet ruhig anderen Hunden und er zieht und zerrt schon gar nicht an der Leine, denn er ist ja wohlerzogen.

Das Lederhalsband für den kleinen und jungen Hund muß weit genug sein, daß es sich frei am Hals drehen kann und so eng, daß es ihm nicht über den Kopf gleitet.

Anfangs genügt es, das Halsband nur eine Viertelstunde anzulegen. Allmählich wird die Dauer des Anlegens etwas ausgedehnt und so nimmt der Hund bald das Halsband als etwas ganz Selbstverständliches hin. Wenn ihm zudem bei der kleinen Prozedur die Verknüpfung mit einem Spaziergang gegeben wird, kann er das Anlegen des Halsbandes kaum erwarten.

Ist ihm das vertraut, so bereitet es kaum Schwierigkeiten, ihn an die Leine zu nehmen. Natürlich wird er sich anfangs gegen die Einschränkung seiner Bewegungsfreiheit wehren. Dabei ist es nicht so schlimm, wenn er zunächst nach rückwärts zieht. Der Hundehalter soll dann ruhig etwas nachgeben und mitgehen. Wichtig ist, daß der Hund überhaupt in Bewegung bleibt und sich nicht stur hinsetzt oder -legt. Ein probates Mittel, den Welpen an der Leine heranzulocken, ist das Niederhocken des Hundeführers. Der Hund denkt wohl, daß sich Herrchen infolge der Kleinheit sehr weit entfernt hat und er läuft schnell zu ihm. Auch läßt sich in spielerischer Weise das Gehen an der Leine leicht beeinflussen. Ein Spielball oder ein »Leckerle« vor die Nase gehalten, üben geradezu magnetische Wirkung auf den Welpen aus. Solche Hilfsmittel sollten aber nur auf die ersten Versuche an der Leine beschränkt bleiben.

Auf Befehle gehorcht der Welpe jetzt noch nicht. Beruhigendes Sprechen und Streicheln tun ihm aber gut und stärken sein Vertrauen zum Herrn. Es ist ja nicht nur die beschnittene Bewegungsfreiheit, die seinen Unmut bestärkt, viel mehr noch, es kommt Furcht in ihm auf, weil ihm an der Leine auch eine Fluchtmöglichkeit genommen wird.

Erst wenn eine Gewöhnung an die Leine vollzogen ist, darf der Hundeführer das vorzulegende Tempo und die Richtung bestimmen. Anfangs darf die Gangart noch nicht zu flott sein, der Welpe muß dem Herrn mühelos ohne Anstrengung folgen können.

Stürmt der Hund nach vorwärts, wird dies mit einem kurzen Ruck an der Leine unterbunden. Ein ständiges Gegenhalten ohne Lockerung führt nicht zum gewünschten Erfolg. Der Hund muß lernen, daß Sträuben und Nichtfolgen einen unangenehmen Ruck am Halsband zur Folge hat. Wenn er das begriffen hat, ist er um eine wichtige Erfahrung reicher und wird diese Erfahrung auch nutzen. Es wäre falsch, einen störrischen Hund, der gar nicht an der Leine folgen will, einfach hinterherzuziehen. Dadurch würde er nur noch halsstarriger. Hier hilft ein Niederhokken des Herrn, gutes Zureden und auch ein hingehaltenes Leckerle verfehlt seine Wirkung sicher nicht. So verknüpft der Hund das Folgen an der Leine mit Annehmlichkeiten.

Kommen

Über nichts ärgert sich der Hundebesitzer mehr als über das Nichtherbeikommen seines Hundes auf Anruf. Und nirgendwo werden in der Hundeerziehung so viele Fehler gemacht wie gerade hier. Sicher fällt es dem Hundehalter schwer, seinen Hund – wenn dieser nach einem recht ausgiebigen Erkundungsausflug schließlich und endlich zurückkommt – freudig zu empfangen. Niemals darf er sich aber gehen lassen und seinen Hund dann schelten, auch wenn das Tier noch so lange durch Abwesenheit glänzte und dem Rufen des Herrn nicht das geringste Gehör schenkte.

Beim Zurückkommen zum Herrn – einerlei auf welchen Umwegen dies geschieht – gibt es nur eines: loben und wieder loben. Erwartet den Hund aber Schelte oder Schlimmeres, verbindet er das Kommen zum Herrn mit Tadel oder gar Züchtigung und er wird das nächste Mal nur um so länger fortbleiben, um der bevorstehenden Strafe zu entgehen.

Zugegeben, es gehört schon einige Beherrschung dazu, den Hund lobend zu begrüßen, wenn er verspätet zurückkommt. Aber nur das wird dem Hund verständlich: »Wenn ich zum Herrn komme, ist das immer mit Annehmlichkeiten verbunden!« Deßhalb wird er sich ein andermal beeilen, solches Lob zu erfahren.

Um das Herkommen auf Ruf zu üben, bediene man sich einer langen Leine von etwa 10 m Länge. Daran läßt man den Hund mehrere Meter vorauslaufen und gibt das Kommando »Hier!«. Folgt der Hund nicht sofort und auf der Stelle, macht ihm ein kur-

Wenn man dem Hund ein »Leckerle« vorhält, lernt er schnell »Sitz« zu machen.

zer, aber energischer Ruck mit der Leine das Verlangte klar.

Während sehr junge Welpen noch nicht geneigt sind, sich aus der menschlichen Obhut zu entfernen, machen sie – etwas älter geworden – doch gelegentlich eigenmächtige Ausflüge. Der Mensch sollte nie versuchen, seinem Hund nachzulaufen. Dieser würde das »Hasch-mich-Spiel« eher lustig finden und immer weiter davonrennen. Geht das Herrchen aber in der entgegengesetzten Richtung davon, ist der Schrekken vor dem Alleingelassenwerden bei dem Hund groß und er wird rasch folgen, um in die Nähe seines Herrn zu gelangen.

»Sitz« und Gehen »Bei Fuß«

Schon sehr bald ist dem Hund begreiflich zu machen, daß ein ungestümes Herumtoben an der Leine untersagt bleibt. Das »Bei Fuß«-Gehen muß von Anfang an angestrebt werden und läßt sich gleichzeitig mit dem »Sitz« einüben, da der Hund mit jedem Stehenbleiben des Führers die sitzende Position einzunehmen hat und zwar, wenn die Aufgabe später in Vollendung zur Ausführung gelangt, ohne das Hörzeichen »Sitz«. Das Stehenbleiben allein entspricht dann schon dem Kommando für das Hinsetzen.

Gerade dem noch sehr jungen Hund kann man das »Sitz« sehr leicht und schnell beibringen. Ein hochgehaltenes Leckerle veranlaßt ihn den Kopf zu heben, wobei man auf ihn zugeht, so daß er sich hinsetzen muß. Gleichzeitig muß natürlich das Hörzeichen »Sitz« gesprochen werden.

Man kann dem jungen Hund aber auch auf andere Weise das »Sitz« lehren. Dabei verhindert die eine Hand am Halsband ein Vorwärtsdrängen und mit der anderen wird der Hund sanft mit seinem Hinterteil niedergedrückt, gleichzeitig mit dem Kommando-Wort »Sitz«. Währenddessen ist die niederdrückende Hand langsam zu entfernen und die Aufmerksamkeit des Hundes auf den erhobenen Zeigefinger zu richten. Einen kleinen Augenblick sollte er von Anfang an schon in der sitzenden Stellung verharren.

Das prompte Befolgen des Kommandos »Sitz« ist in mancher schwierigen Situation wichtig, so z.B. wenn ein unbeliebter anderer Hund auftaucht. Aus dem »Sitz« heraus werden kaum Raufereien mit Artgenossen begonnen.

Später wird das Sitzen noch durch das Kommando »Bleib da« erweitert. Das gehört aber bereits zu den fortgeschrittenen Lektionen in der Hundeerziehung und -ausbildung.

Mit der Sitzübung Hand in Hand geht das Erlernen des »Bei Fuß«-Gehens. Sicher wird die Frage gestellt: »Muß denn auch der junge Hund schon »Bei Fuß« gehen?« Ja, er muß es! Natürlich kann und soll nicht ein ständiges Gehen an der Seite des Herrn verlangt werden. Wenn der Hund den Rückruf seines Herrn befolgt, darf er sich auch in lebensfrohem Herumrennen und ohne Leinenzwang austoben. Es kommen aber doch immer einmal Situationen auf Hund und Halter zu, die es gebieten, den Hund »kurz zu fassen«; vor allem im Stadtverkehr ist dies dringend notwendig. Dann muß der Hund gelernt haben, auf das Kommando »Bei Fuß« artig neben seinem Herrn zu gehen, d.h. korrekt mit dem Kopf an dessen linkem Oberschenkel bzw. Knie oder tiefer bei sehr kleinen Hunden. Das ist die Linie, die nicht überschritten werden darf. Zieht der Hund nach vorne, bringt ihn ein Ruck mit der Leine und ein energisch gesprochenes »Bei Fuß« wieder zurück.

Man kann den Hund, der nicht »Bei Fuß« gehen will, absitzen lassen und aus dieser Stellung heraus unter dem Kommando »Bei Fuß« antreten lassen. Das Ganze wird bis zum gewünschten Erfolg geübt, aber nicht zu lange, da ständiges Hinsetzen, Aufstehen und Antreten für den Hund doch sehr ermüdend sind.

Die Leine wird locker in der rechten Hand gehalten und muß stets durchhängen. Bei gespannter Leine, d.h. bei ständigem Zug ergibt sich keine Möglichkeit der Einwirkung auf den Hund.

Es hat sich allgemein im Hundesport eingebürgert, den Hund auf der linken Seite des Hundeführers gehen zu lassen. Auch bei Wendungen ist dies zu berücksichtigen.

»Platz«

Aus dem »Sitz« heraus kann ohne Zwangseinwirkung das »Platz«-machen beigebracht werden. Die eine Hand fixiert den Hund in der sitzenden Stellung, die andere, die ein Leckerle bereithält, zeigt dieses dem Hund in Bodennähe. Um das Leckerle zu erreichen, ist er gezwungen, sich hinzulegen. Dabei wird das Hörzeichen »Platz« gesprochen.

Eine andere Art und Weise, das Platzmachen zu erreichen, besteht in dem

Zu den fortgeschrittenen Lektionen gehört das Kommando: »Sitz – Bleib da!«

Wegziehen der Vorderbeine aus der sitzenden Position und gleichzeitigem Niederdrücken des Hundes.

»Aus«

Auf das Kommando »Aus« muß sich der Hund alles, was er gerade im Maul hat, von seinem Herrn ohne Murren abnehmen lassen. Um das zu erreichen, ist so früh wie möglich mit dieser Übung zu beginnen. Junge Hunde sind wie kleine Kinder, und nehmen oft etwas auf, was nicht zum Verzehr geeignet ist. Wenn der kleine Welpe bereits lernt, daß man zumindest Herrchen alles abgeben muß, kann dieser auch dem ausgewachsenen Hund einen Knochen und dergleichen mühelos aus dem Maul nehmen. Der gut erzogene Hund läßt schon auf das Kommando »Aus« auch den heißbegehrten Knochen unverzüglich fallen.

Kinder sollte man allerdings dahingehend erziehen, dem Hund nichts aus dem Fang zu nehmen. Wenn Hunde vor allem kleine Kinder als untergeordnete Rudelmitglieder ansehen, lassen sie sich – wie auch im Falle untergeordneter Artgenossen – nicht ohne weiteres etwas abnehmen.

Anspringen

Hunde neigen dazu, ihrer Freude gerade beim Begrüßen dadurch Ausdruck zu verleihen, daß sie am Menschen hochspringen. Das darf weder kleinen Rassen und schon gar nicht großen Hunden erlaubt werden. Hilfreich erweisen sich dann Befehle wie »Sitz« und auch »Pfui«, denn »Pfui« ist schließlich alles, was der Hund nicht darf. Läßt er sich aber in seinem freudigen Überschwang nicht bremsen, dann hilft ein kleiner Trick. Man trete dem

Hund während des Hochspringens auf die Hinterpfoten, und zwar so, daß er dies schmerzlich verspürt. Er wird schnell seine gewohnte, vierbeinige Haltung einnehmen und nach einigen dieser Versuche merken, daß Hochspringen mit Schmerz verbunden ist. Da er dabei gleichzeitig am Kopf oder Hals gestreichelt wird, bringt er das empfundene Mißbehagen niemals mit seinem Herrn in Verbindung.

Alleinsein

Der Welpe, der aus seiner Hundefamilie, in der er geborgen war, herausgerissen wurde, lehnt sich nun stark an den Menschen an, denn er möchte nicht allein sein. Während der ersten Tage der Eingewöhnung nach der Trennung von Mutter und Geschwistern sollte er nicht mit seinem Kummer sich selbst überlassen bleiben. Nachdem er mit der neuen Umgebung vertraut ist, muß er aber lernen, daß der Mensch nicht unentwegt um ihn herum sein kann. Nur wenige, ganz hartgesottene Hunde scheinen die Umstellung ohne weiteres zu verkraften. Die Geborgenheit in der Hundefamilie muß dem Welpen so gut wie möglich ersetzt werden.

Für die Nacht gilt das Alleinsein vom ersten Tag bzw. der ersten Nacht an. Klägliches Winseln darf den neuen Hundebesitzer nicht dazu verleiten, ihn in das Schlafzimmer oder womöglich ins Bett zu holen. Das würde der kleine Kerl sonst schnell ausnutzen. Er gehört auf sein ihm zugewiesenes Plätzchen, woran er sich schneller gewöhnt, wenn ein Gegenstand aus seiner früheren Umgebung, der mit heimatlichen Gerüchen verknüpft ist, in seine Schlafkiste gelegt wird.

Auch der spätere Zwingerhund sollte zunächst über die Wohnung eingewöhnt werden.

Will der Hundebesitzer nun testen, ob er seinen Welpen tagsüber einmal alleinlassen kann, so begibt er sich in einen anderen Raum der Wohnung, wo ihn der Hund nicht hören und sehen kann. Verhält sich der Welpe ruhig, geht Herrchen nach einer Weile zu ihm mit großen Belobigungsworten: »So war brav« und er bekommt ein Leckerle. Setzt aber Heulen ein, wird geschimpft: »Pfui« und die Belohnung bleibt natürlich aus.

Allmählich wird die Zeit der Abwesenheit vergrößert, wobei auch ein hilfreicher Nachbar die Aufgabe des Lauschens übernehmen kann. Macht der Hund Krach, muß Herrchen unverzüglich in das Zimmer stürzen, in dem sich der Hund aufhält und ihn ernstlich ausschimpfen. Würde Herrchen aber zurückkommen und nach dem Gezeter des Hundes diesen womöglich noch zu beruhigen versuchen, hätte der junge Hund sein Ziel erreicht. So erzielt man also nur durch das Ausschimpfen die entsprechende erzieherische Wirkung.

Wenn einzelne Abschnitte im vorausgegangenen Kapitel etwas ausführlicher abgehandelt wurden, so deshalb, weil gerade bei der Erziehung zur Stubenreinheit, zur Leinenführigkeit und des Herkommens auf Anruf häufig schwerwiegende, kaum reparable Fehler begangen werden.

Krankheiten

Für die Gesundheit des Hundes sind die artgerechte Ernährung, eine hygienische Haltung und regelmäßige Pflege ebenso wichtige Voraussetzungen wie die vorbeugenden Schutzimpfungen gegen die häufigsten und gefährlichsten Infektionskrankheiten. Aber aller Vorsorge zum Trotz kann der Hund doch einmal erkranken und dann ist die frühzeitige Erkennung wichtigstes Kriterium für eine erfolgreiche Therapie.

Der Hundebesitzer berichtet dem Tierarzt die beobachteten Symptome, nach denen er seine Diagnose stellt und eine entsprechende Behandlung einleitet.

Einige Krankheitsanzeichen und ihre möglichen Ursachen

Erbrechen, Mattigkeit ohne Kotabsatz = Darmverschluß oder Fremdkörper im Darm.

Kolik mit Aufblähung des Bauches = Magendrehung.

Allmähliches Dickerwerden des Bauches = Bauchhöhlenwassersucht, Gebärmuttervereiterung, Tumore.

Unstillbarer Durst mit oder ohne Scheidenausfluß = Gebärmuttererkrankung (vor allem bei älteren Hündinnen).

Vermehrter Durst = Nierenerkrankung.

Vermehrter Durst, Mattigkeit und Mundgeruch = Harnvergiftung.

Vermehrter Speichelfluß = Fremdkörper in der Mundhöhle oder lose Zähne, E 605-Vergiftung, Tollwutinfektion.

Juckreiz = Ekzem, Exanthem, Flöhe, Läuse, Haarlinge, Zecken, Milben, Allergie, Pilzkrankheiten.

Verdickungen an den Enden der Röhrenknochen und Durchbiegung in der Mitte, Verdickungen an den Rippen an den Übergangsstellen vom Knochen zum Knorpel = Rachitis.

Schwerfälligkeit beim Aufstehen aus der sitzenden Haltung, wiegender, unsicherer Gang = Hüftgelenksdysplasie.

Mundgeruch = Zahnstein, Geschwüre, Magen- oder Nierenerkrankung.

Appetitlosigkeit, Fieber (40,5–41,0 °C), Hustenanfälle = Bronchialschleimhautentzündung.

Heftiger, langanhaltender Husten (vor allem bei Welpen) = Zwingerhusten.

Haarausfall = hormonelle Störung.

Lähmung des hinteren Körperteils, Schmerz bei Bewegungsversuchen = Bandscheibenvorfall.

Akute Muskelschmerzen = Muskelentzündung.

Allgemeine Steifheit, Muskelanspannung = Rheuma.

Schnelle und angestrengte Atmung (kurzes Einatmen, länger ausgedehntes Ausatmen), Husten = Lungenentzündung.

Erbrechen und Mattigkeit unter den Anzeichen ausgeprägter Blutarmut, Lidbindehäute und Mundschleimhaut weiß und eiskalt, Untertemperatur = Vergiftung durch Rattengift.

Krämpfe = Strychninvergiftung.

Speicheln, Schwäche in den Beinen und Durchfall, rasch sich verschlechternder Allgemeinzustand, Krämpfe oder blindes Herumwanken, später Erblindung = Bleivergiftung.

Steifer, stelzenartiger Gang, gestreckte und steife Haltung von Kopf und Hals, starrer und ängstlicher Blick, gespitzte oder nach hinten gezogene Ohren, Runzelung der Stirnhaut, Kieferklemme, starre und gespreizte, stelzenartige Stellung (Sägebockstellung), aufgezogener Bauch, nach oben oder seitwärts gezogene Rute und erschwerte Atmung = Tetanus (Wundstarrkrampf).

Plötzliches Zurückbleiben in der Entwicklung der Welpen, aufgetriebener Leib = Spulwurmbefall.

Abmagerung trotz guten Appetits = Bandwurm.

Nach gierigem Fressen innerhalb von Sekunden Erbrechen des Gefressenen = Fremdkörper im Schlund.

Erbrechen eine Weile nach der Mahlzeit, danach Nahrungsverweigerung, Mundschleimhaut kalt und klebrig = Fremdkörper im Dünndarm.

Tränenfluß, Drang Auge zu schließen, Bindehaut rot und geschwollen = Bindehautkatarrh.

Trübung und blauer Schimmer auf dem Auge = Hornhautentzündung.

Linsentrübung = Grauer Star.

Augentränen, entzündete Lidbindehaut = Ausstülpung des Lidrandes.

Chronische Bindehautentzündung = Einstülpen des Lidrandes.

Schütteln oder Reiben des Kopfes, Kratzen mit den Hinterpfoten, im Ohr braune Krusten oder entzündliche Rötung, unangenehmer Geruch aus dem Ohr = Ohrentzündung.

Geschwüre im Maul = Verletzung des Zahnfleisches und der Innenseite der Lefzen durch scharfe Zahnsteinkanten, Druck der Eckzähne gegen die Lefzen, Vitamin B_1 und E-Mangel, Nierenkrankheiten, Tumoren.

Ständig weicher Stuhlgang und schlechter Allgemeinzustand = chronische Darmentzündung.

Niedergeschlagenheit, Erbrechen, vollständige Futterverweigerung, Schleimhaut im Maul und Lidbindehäute blaß und gelblich getönt = Leberkrankheit oder Tuberkulose.

Anhaltender Durchfall und Abmagerung trotz guten Appetits, breiig-weicher Stuhlgang = Störungen der Bauchspeicheldrüse.

Unmäßiger Durst, übelriechender Atem, später Geschwüre im Maul, trotz guten Appetits Gewichtsverlust, Erbrechen, Mattigkeit = Nierenentzündung.

Häufiges Wasserlassen und Unsauberkeit bei Nacht, evtl. erhöhte Temperatur, schlechter Appetit, gelegentlich Erbrechen = Blasenentzündung, Blasensteine.

Rutschen auf dem Hinterteil (sogenanntes Schlittenfahren) = gefüllte Analbeutel, Wurmbefall.

Behandlung

Ernsthafte Erkrankungen sollten stets von einem erfahrenen Tierarzt behandelt werden. Vieles kann der Hundehalter aber auch selbst übernehmen, vor allem Dinge, die in den Pflegebereich gehören. Dazu zählen auch das Reinigen von Augen und Ohren, die Krallenpflege u.a.m. Auf der Haut des Hundes lebende Parasiten entdeckt man beim täglichen Bürsten und kann sie rechtzeitig entfernen, so daß der Hund vor quälendem Juckreiz bewahrt bleibt. Nach Waldspaziergängen findet man oft eine Zecke, die sich besonders an unbehaarten Stellen gerne festsetzt. Sie wird mit Öl beträufelt, das ihr die Atemwege verstopft. Mit einer schnellen Linksdrehung lassen sich diese Schmarotzer vom Hundekörper abdrehen, wobei es wichtig ist, den Kopf mit zu entfernen, da er sonst Entzündungen verursacht. Es empfiehlt sich, die Saugstelle mit Desinfektionsmittel zu betupfen.

Um Wurmbefall vorzubeugen und zumindest um Welpen und Junghunde weitgehend vor Spulwürmern zu schützen, sind regelmäßige Wurmkuren durchzuführen, die bereits der Züchter unternehmen muß. Werden im Kot Glieder eines Bandwurmes beobachtet, ist eine entsprechende Kur vom Tierarzt einzuleiten. Da der Hundefloh der Zwischenwirt für den Hundebandwurm ist, muß auf dessen Bekämpfung besonderes Augenmerk gelegt werden.

Da mit den herkömmlichen Wurmmitteln nicht alle möglichen Wurmarten zu erfassen sind, sollte der Tierarzt alljährlich eine Kotuntersuchung vornehmen, nicht zuletzt, um die Hunde durch Wurmkuren nicht unnötig zu belasten.

Wenn infolge einer Beißerei mit anderen Hunden nur oberflächliche Hautverletzungen entstanden sind, bedarf es meist keines tierärztlichen Eingreifens. Die Haare um die Wunde herum sind jedoch zu entfernen, um Verklebungen und nachfolgende Eiterungen zu vermeiden. Tiefergehende Verletzungen müssen möglichst umgehend vom Tierarzt versorgt werden, da meist ein Nähen erforderlich ist.

Tritt infolge eines Unfalles ein Schockzustand mit Bewußtseinstrübung, ansteigender Pulsfrequenz und abfallendem Blutdruck mit gestörter Atemrhythmik ein, wird der Hund bis zur tierärztlichen Versorgung in Seitenlage gebracht und man muß versuchen, ihm die Zunge seitlich herauszuziehen. Bei einer möglichen Gehirnerschütterung und anderen inneren, nicht sichtbaren Verletzungen darf dem Hund keine Flüssigkeit eingeflößt werden.

Bei Durchfall ohne Temperaturanstieg hilft meist ein Fastentag. Flüssigkeit darf und soll der Hund hingegen in Form von schwarzem Tee oder Pfefferminztee erhalten, der verdünnt gereicht wird. Wenn nach dem Fastentag auf die Gabe von Haferflocken (Schmelzflokken) mit rohem geriebenem Apfel keine Normalisierung des Stuhlgangs eintritt, ist der Tierarzt zu Rate zu ziehen.

Gemeinhin wird davon ausgegangen, daß zum gesunden Hund eine feuchte Nase gehört. Im allgemeinen ist das auch so. Andererseits findet man aber auch kerngesunde Hunde mit einer ständig trockenen Nase. Der erfahrene Hundehalter vermag dies entsprechend zu beurteilen.

Erhöhte Temperatur ist immer ein Alarmzeichen. Die Normaltemperatur liegt bei rektaler Messung zwischen 37,5 und 38,5 °C. Ab 39,5 °C ist berechtigte Sorge am Platz und der Tierarzt zu benachrichtigen bzw. aufzusuchen. Selbstverständlich wird man ihm alle beobachteten Krankheitsanzeichen genau berichten.

Einmaliges Erbrechen beim Hund ist nicht bedenklich. Mitunter frißt der Hund Gras, um sich übergeben zu können. Der Tierarzt ist jedoch unbedingt einzuschalten, wenn das Erbrechen über längere Zeit anhält.

Infektionskrankheiten

Staupe

Bei der Staupe handelt es sich um eine Virusinfektion, die hauptsächlich über die Schleimhäute in den Körper eindringt. Sie äußert sich u.a. durch wechselndes Fieber, Husten, Tränenausfluß, verklebte Augen und Durchfall. Dem katarrhalischen Stadium, das am Magen-Darmkanal, den Atmungsorganen, den Augen und den Harnorganen ablaufen kann, folgt häufig die Nervenstaupe mit krampfartigen Anfällen, Bewegungsstörungen, Kaukrämpfen.

Ist die Krankheit erst einmal ausgebrochen, gestaltet sich die Behandlung sehr schwierig. Vor allem bei jungen Hunden sind kaum Heilungschancen gegeben. Aber auch beim älteren Hund muß die Staupe gefürchtet werden. Hier geht sie meist mit den unheilbaren nervösen Symptomen einher.

Hepatitis

Auch die ansteckende Leberentzündung des Hundes ist eine Viruskrankheit. Sie beginnt mit Fieber und Entzündungen im Nasen-Rachenraum. Ebenso werden Darmstörungen mit Durchfall beobachtet. Der Bauch weist eine deutliche Schmerzempfindlichkeit auf. Von Hepatitis können Hunde jeden Alters betroffen werden, besonders gefährdet sind jedoch Jungtiere. Auch wenn die Krankheit ausgeheilt wird, können als Folgeerscheinung Hornhauttrübungen mit späterer Erblindung auftreten.

Leptospirose

Die Leptospirose – auch als Stuttgarter Hundeseuche und Weilsche Krankheit bekannt – ist eine bakteriell hervorgerufene Infektionskrankheit. Verantwortlich dafür sind verschiedene Leptospirenarten. Die Krankheit äußert sich vielfach durch Schwäche in der Nachhand, Appetitlosigkeit, Müdigkeit, Erbrechen, Entzündungen im Fang, Magen-, Darm- sowie Nierenerkrankungen. In schweren Fällen treten Gelbsucht, Bewegungsstörungen und aasartiger Geruch aus dem Fang auf.

Als Ansteckungsgefahren für Hunde gelten nicht nur erkrankte Artgenossen, sondern auch Ratten, Mäuse, verunreinigte Gewässer wie Tümpel, Pfützen, Gräben usw.

Manche Leptospirose-Erreger sind auch auf Menschen übertragbar, wie der der Weilschen Krankheit.

Tollwut

Die wohl gefürchtetste Infektionskrankheit, die sowohl Hunde und zahlreiche andere Tierarten als auch den Menschen gefährdet, ist immer noch die Tollwut, da sie als unheilbar mit tödlichem Ausgang betrachtet werden muß. Das im Nervengewebe von Gehirn und Rückenmark angesiedelte Virus bewirkt abnormes Verhalten, Beißwut, Raserei, Lähmungen, Krämpfe und schließlich den Tod.

Der Erreger wird mit dem Speichel erkrankter Tiere ausgeschieden, weshalb Bißverletzungen sehr gefährlich sind.

Während früher Beißwut und Raserei als vordergründige und typische Erscheinungen bei an Tollwut erkrankten Tieren hervortraten, fehlen diese Zeichen in der letzten Zeit vielfach, weshalb auch von der stillen Wut gesprochen wird.

Parvovirose

Diese Virus-Infektionskrankheit kennt man erst seit 1978. Der Erreger ist mit dem Katzenseuche-Virus zwar eng verwandt, aber nicht identisch. Deshalb kann er auch nicht von Katzen auf Hunde übertragen werden.

Vorherrschende Symptome sind Magen-Darmstörungen bis hin zu stark blutigem Durchfall. Der Hund ist apathisch, erbricht ständig und verfällt zusehends. Die Temperatur steigt auf ca. 41 ° C an.

Die Sterblichkeitsrate ist sehr hoch. Das Virus kann bereits im Mutterleib übertragen werden, wenn sich eine trächtige Hündin infiziert hat. Weniger schwerbetroffene Welpen werden krank, wirken lustlos, zittern vor Fieber und leiden an Atembeschwerden. Schwer erkrankte Welpen sterben an akutem Herzversagen. Obwohl die Krankheit durch Übertragung des Virus von Hund zu Hund Auslösung findet, führt ein wichtiger Verbreitungsweg über die Hundehalter selbst, deren Kleider und Schuhe mit dem Virus verseucht sind.

Schutzimpfungen

Die vorbeugende Impfung ist die einzige verläßliche Möglichkeit, den vorgenannten Infektionskrankheiten vorzubeugen.

Welpen

Der Welpe ist den Krankheitserregern am hilflosesten ausgeliefert. Zwar erhält er mit der Muttermilch in den ersten Lebensstunden wertvolle Abwehrstoffe gegen Infektionskrankheiten, die aber nur über einen befristeten Zeitraum schützen. Das ist bis zur 7.–9. Lebenswoche der Fall. Zu diesem Zeitpunkt muß der Welpe die erste Schutzimpfung erhalten. Zur Vervollständigung bzw. Festigung des Impfschutzes wird der Welpe zwischen der 12. und 14. Lebenswoche nachgeimpft.

Nur wenn der Welpe die beiden Impfungen – die sogenannte Grundimmunisierung – erhalten hat, ist er für 1–2 Jahre vor Staupe, Hepatitis und Leptospirose geschützt.

Welpen in schlechtem Allgemeinzustand und solche mit starkem Ekto- und Endoparasitenbefall dürfen nicht geimpft werden und bedürfen einer vorherigen Behandlung und Vorbereitung.

Zur Grundimmunisierung gegen Tollwut ist bei Verwendung eines Kombinationsimpfstoffes zweimaliges, bei Einsatz des alleinigen Tollwutimpfstoffes einmaliges Impfen erforderlich.

Ebenso empfehlen sich zur Grundimmunisierung gegen die Parvo-Virus-Erkrankung zwei Schutzimpfungen.

Erwachsene Hunde

Der durch die Grundimmunisierung beim jungen Hund erzielte Impfschutz nimmt mit der Zeit ab. Deshalb ist es zur Aufrechterhaltung und Sicherung eines lebenslänglichen Ansteckungsschutzes notwendig, regelmäßig im Abstand von 1–2 Jahren Wiederholungsimpfungen durchführen zu lassen. Zum Schutz gegen Leptospirose und Parvo-Virus-Erkrankung, ebenso gegen Tollwut sind jährliche Wiederholungsimpfungen notwendig.

Wurde die Grundimmunisierung im Welpenalter versäumt, so muß sie in einem nächstmöglichen Lebensabschnitt nachgeholt werden. Hunde, die älter als 12 Wochen sind, müssen folgendermaßen schutzgeimpft werden:

- gegen Staupe und Hepatitis reicht im allgemeinen eine Impfung,
- gegen Leptospirose und Parvo-Virus-Erkrankung ist zweimalig zu impfen,
- die Tollwutschutzimpfung geschieht wie im Welpenalter.

Auch hier müssen sich die Wiederholungsimpfungen im Abstand von 1–2 Jahren anschließen.

Gegen andere Infektionskrankheiten wie Toxoplasmose, Aujeszky-Krankheit (Übertragung durch infiziertes Schweinefleisch), Herpesvirus-Infektion, Zwingerhusten schützt keine Schutzimpfung, wohl aber allgemeine Vorsichtsmaßregeln.

Hundeapotheke

Eine kleine Apotheke für den Hund, die kühl und trocken und vor Kindern geschützt aufzubewahren ist, kann folgendes enthalten:

Desinfektionsmittel
Fieberthermometer
Insektenspray
Heftpflaster
Mullbinden
Watte
eine gebogene Schere
Jodtinktur
Wundgel
Heilsalbe
Neo-Ballistol-Öl
Ohrreinigungsmittel
Kohletabletten
3%iges Wasserstoffsuperoxyd
Wurmmittel
Puder
Ektoparasiten-Puder

Literaturhinweise

Fachzeitschriften

Unser Rassehund, Hrsg.: VDH, Mallinckrodtstr. 26, 4600 Dortmund

Hundewelt, Minerva-Verlag, Eichenstr. 72, 4060 Viersen 1

American Kennel Gazette, Hrsg.: AKC–USA, 51, Madison Avenue New York, NY 10010 – USA

Dog World, Clergy House, The Churchyard, Ashford/Kent, TN23 1QW – England

Schweizer Hundesport, Hrsg.: SKG, Spitalgasse 14, 3001 Bern

Bücher

Baumann, D.: Hunde erziehen. Eugen Ulmer Verlag, Stuttgart (in Vorbereitung).

Brunner, F.: Der unverstandene Hund. J. Neumann-Neudamm, Melsungen-Basel-Wien.

Korn, B., Treutmann, H.: Das große farbige Hundelexikon. Albert Müller-Verlag, Rüschlikon-Zürich.

Trumler, E.: (Hrsg.) Pipers Buch der Hunderassen. R. Piper & Co. Verlag, München-Zürich.

Anschriften der Fachverbände

Verband für das Deutsche Hundewesen e.V. (VDH), Mallinckrodtstr. 26, 4600 Dortmund

Fédération Cynologique Internationale (FCI), 12, Rue Léopold II, B-6530 Thuin/Belgien

Société Centrale Canine, 215 Rue St. Denis, F-75083 Paris

Österreichischer Kynologenverband, Karl-Schweighofer-Gasse 3, A-1070 Wien

Schweizer Kynologische Gesellschaft (SKG), Spitalgasse 14, CH-3001 Bern

The Kennel Club, 1 Clarges St., London WlY 8AB

American Kennel Club (AKC), 51, Madison Avenue, New York, NY-10010/USA

Register

Die mit * versehenen Seitenziffern verweisen auf Fotos.

Abstammung 62
Abstammungspapiere 85
Aggressivität 83
Ahnherr 7
Airdale Terrier 30, 31*
Alaskan Malamute 68*
Alleinbleiben 108, 117
Alter Hund 79
Angriffslust 83
Ängstlichkeit 82
Anleinen 111
Anspringen 116
Apotheke 123
Artgenossen 86
Augen 14
Aus 116
Ausland 94
Auslauf 86
Ausstattung 72
Auto 98

Baden 105
Bandwurm 120
Barsoi 64
Basset-Hound 58*
Bauch 15
Becken 15
Begleithund 28, 58
Behandlung 120
Bei Fuß 107, 114
Beifutter 103
Berner Sennenhund 31, 32*
Bernhardiner 32*, 33
Bewegung 18
Bewegungsmöglichkeit 86
Bierhefe 101
Blättermagen 101
Bleib 116
Blindenführhund 60
Bobtail 64, 64*
Bodenbelag 88
Boxer 3, 34*, 35
Bracken 69, 70*
Britische Jagdhunde 27
Brust 15
Büffelhautknochen 74, 75*
Bürste 72, 106*

Calcium 101
Calciumphosphat 102
Cocker Spaniel 34*, 36, 84*
Collie 37, 37*, 84

Dachshunde 23
Dackel 38, 38*, 67*
Dalmatiner 40*, 41, 84*
Darmverletzungen 102
Decke 72
Deckhaare 64
Deutsch Drahthaar 67*
Deutsche Dogge 2*, 40*, 41, 91*
Deutscher Schäferhund 2*, 42, 43*, 67*, 98*
Diät 102
Diensthunde 21, 22
Dingo 7
Dobermann 44, 45*
Doggenartige 65
Domestikation 9
Dosenfutter 101
Drahthaar 65
Draufgänger 83
Durchfall 120
Eier 101
Einfühlungsvermögen 108
Einzäunung 88
Einzelhund 86
Eiweiß 102
Energiebedarf 102
Entkalkung 101
Entwurmung 120
Erbrechen 121
Ernährung 100
Erstausstattung 72
Erziehung 107

Familienanschluß 85
Familienhund 58
Fang 13
Fédération Cynologique Internationale 10
Fellart 63
Fellpflege 105
Fertigfutter 101, 103
Fieber 121
Fisch 102
Fleischfresser 101
Fluchtbereitschaft 83
Foxterrier 44, 45*
Führungsposition 108
Fütterung 100
Futterkalk 102
Futterschüssel 72, 75*, 100
Futterstoffe 101
Futtertrockenmasse 103
Futterzeiten 75, 100

Gebiß 13
Gebrauchshunde 21, 22
Geflügel 102
Gehemmtheit 83

Gehirnschädel 14
Gemüse 101
Geräuschfestigkeit 82
Gerichtsstand 85
Gesamteindruck 11
Gewichtskontrolle 103
Glatthaar 65
Golden Retriever 46, 47*
Größe 63

Haarfilz 64
Haarkleid 18
Hackfleisch 101
Haftpflicht 72
Hals 15
Halsband 72, 73*
Halskette 111, 111*
Härte 108
Haushund 86
Haushundentwicklung 8
Hepatitis 121
Hetzhunde 61
Hinterhauptbein 14
Hinterläufe 18
Hirtenhund 64
Hitze 79
Hovawart 47, 48*
Hüften 15
Hundeausbildung 107
Hundehaushalt 100
Hundehütte 87
Hundemarke 94, 94*
Hunderassen 20ff
Hundeschule 107
Hundesteuer 72
Hündin 79
Hütehund 60*

Infektionskrankheiten 121f
Innereien 102
Irish Setter 54, 54*
Irish Wolfhound 69, 70*, 83*

Jagdhunde 23, 61
Jungtier 79

Kalbsknochen 102
Kalkbedarf 102
Kalktabletten 102
Kalorien 102
Kamm 72
Karabinerhaken 73, 73*
Kaufpreis 71
Kaufvertrag 85
Kauknochen 72
Kinderliebe 93
King Charles Spaniel 104*
Kiste 72
Knochenbildung 101
Knochenbrühe 101
Knochenmehl 101
Kohlenhydrate 102
Kommen 113
Kondition 12
Konsequenz 108
Konstitution 12
Kopf 13
Korb 72
Körper 10
Körperbau 13
Körpergewicht 101
Körperteile 13
Kosten 72
Krallenzange 106, 106*
Krankheiten 118ff
Kruppe 15
Kurzhaar 65
Kurzstockhaar 65

Lager 75*, 87
Lawinenhund 60
Leber 101
Lebertran 101
Lefzen 14
Leine 72, 111f
Leinenführigkeit 111
Leinsamenmehl 102
Lenden 15
Leonberger 49, 49*, 93*
Leptospirose 121
Lernfähigkeit 82
Loben 113

Malteser 64, 64*
Mangel 85
Mantel 72
Matratze 73, 75
Mietvertrag 90
Mietwohnung 90
Milch 101, 102
Milz 101
Mischling 61*, 62
Muskelfleisch 102

Nacken 15
Nahrungsmenge 101
Nasenrücken 14
Nervenfestigkeit 82
Neufundländer 63*
Nieren 101
Nordische Hunde 9*, 66, 68*

Ohren 14
Ohrenpflege 105

Pansen 101
Parvovirose 122
Pekinese 104*
Pflege 105
Pfotenpflege 106
Phosphor 101
Pinscher-Schnauper-Gruppe 66, 68*, 78*
Platz 107, 115
Preßfutter 104
Protein 101
Pudel 50, 51*

Quark 101

Rachitis 101
Rassehund 62
Rassenentstehung 10
Rauferei 107
Rauflustigkeit 83
Rauhhaar 65
Reisen 94
Riesenschnauzer 53
Rindermagen 101
Röhrenknochen 102

Rottweiler 51, 52*, 59, 59*
Rücken 15
Rüde 79
Rufen 113
Rügefrist 85
Ruhezeiten 90
Rute 15

Sanitätshund 59
Schäferhunde 21
Scheitelbein 14
Schnauzer 53, 53*
Schnürpudel 64
Schock 120
Schreckhaftigkeit 83
Schritt 18
Schutzhund 59, 81
Schutzimpfungen 122f
Schutzraum 88
Schweinehack 101
Scottish Terrier 69*
Seidenhaar 64
Seife 105
Sennenhunde 65
Setter 54
Shampoo 105
Sitz 107, 114
Skelett 12
Spaziergang 74
Spielsachen 72
Spitze 65, 66*
Spurenelemente 101
Spürhunde 23
Stachelhalsband 112
Standard 11
Staupe 121
Stellung der Läufe 18
Stichelhaar 65
Stirn 14
Stirnhöcker 14
Stockhaar 63
Stop 14
Strafen 113
Streicheln 113
Strupphaar 65
Stubenreinheit 107, 108f

Teckel 38
Temperament 63, 65
Temperatur 121
Terrier 23
Terrierrassen 66
Tierheim 80
Tierschutzgesetz 88
Tigerdogge 41
Tollwut 122
Trenngitter 98, 98*
Trockenfisch 102
Trockenmasse 103

Unterwolle 64
Urlaub 92

Verband für das Deutsche Hundewesen 10
Verstopfung 102
Vertrauen 82
Vigantol 102
Vitamine 101
Vollnahrung 103
Vorderläufe 15
Vorstehhunde 26, 69

Wachhunde 21, 22, 58
Wachstum 101
Wärmebedürfnis 87
Waschmittel 105
Wasserbedarf 104
Wasserschüssel 72, 100
Wellhaar 64
Wesen 81
Wesensmerkmale 84
Wesenstest 81
Whippet 69, 71*
Widerrist 15
Windhunde 29, 69
Wolf 7
Wollhaare 64
Wurmbefall 120
Wurmkur 120
Wurmmittel 120

Yorkshire Terrier 56, 56*, 104*

Zahnstein 105
Zeitaufwand 74
Zotthaar 65
Zuchtuntauglichkeit 85
Zughalsband 111
Zugkette 111, 112
Zuneigung 82
Zureden 113
Zurückkommen 113
Zwingeranlage 89
Zwingerhund 80, 88

Bildquellen

Baumann, Doris: S. 9, 31, 32 unten, 34 unten, 37, 40, 43, 45, 47, 48, 49, 51, 52, 53, 54, 56, 58, 59, 60, 63, 64, 66, 67 unten, 68, 69, 70, 71, 73, 75, 78, 83, 93, 94, 98, 106, 108, 111, 112, 114, 116
Brehm, Dr. Helga: S. 63
Kleinschrot, Dieter: S. 38
Reinhard, Hans: S. 2 und 3, 32 oben, 34 oben, 66 oben, 76, 84, 91, 104